BIBLIOTHÈQUE DES CONNAISSANCES PRATIQUES

LE LIVRE DE LA DESTINÉE

LES PRÉSAGES

DE BONHEUR ET DE MALHEUR

Ce qu'il faut faire — Ce qu'il faut éviter

OU

L'ART D'ÊTRE HEUREUX

PAR

PAUL VIERZON

PARIS

ERNEST KOLB, ÉDITEUR

8, RUE SAINT-JOSEPH, 8

Tous droits réservés

LE
LIVRE DES PRÉSAGES

Je porte sur moi plus de 2.000 passages du saint Alcoran. Cependant je ne désapprouve point ceux qui rejettent cette vertu que l'on attribue à certaines paroles. Il nous est bien plus difficile de répondre à leurs raisonnements, qu'à eux de répondre à nos expériences.

MONTESQUIEU.
(*Lettres persanes.*)

BIBLIOTHÈQUE DES CONNAISSANCES PRATIQUES

LE LIVRE DE LA DESTINÉE

LES PRÉSAGES

E BONHEUR ET DE MALHEUR

Ce qu'il faut faire — Ce qu'il faut éviter

OU

L'ART D'ÊTRE HEUREUX

PAR

PAUL VIERZON

PARIS

ERNEST KOLB, ÉDITEUR

8, RUE SAINT-JOSEPH, 8

Tous droits réservés

AVANT-PROPOS

De deux personnes, dont l'une est confiante et croyante, dont l'autre est sceptique et incrédule, quelle est la plus heureuse? N'est-ce point celle qui a la foi, qui, au risque d'être traitée de naïve par les prétendus esprits forts, accepte, comme vérités et comme guides, des principes et des dogmes dont l'analyse est impossible ?

En général, les gens heureux sont confiants et les gens malheureux défiants. L'adversité exerce sur l'homme une action qui, si elle dure, aigrit son caractère et le prédispose à un doute excessif et systématique. Au contraire, la vie facile et sans soucis, dorée par la fortune, ensoleillée par l'amour honnête et les affections saintes, met dans le cœur un élargissement par où pénètrent avec plus d'aise les sentiments qui réchauffent que les calculs qui refroidissent.

Une foule de manifestations vulgaires, de constatations que chacun a pu faire, corroborent dans la pratique l'énoncé de la loi qui établit la corrélation directe entre le bonheur et la foi, entre le scepticisme et le malheur. L'homme qui, grâce à sa situation de fortune, a un intérieur dont l'arrangement et la qualité sont de nature à flatter son amour-propre et sa vanité, est forcément plus accueillant que le pauvre diable dont le mobilier est rudimentaire, plus épanoui, plus prêt à écouter et à croire. L'amoureux, cet être à part qui porte le ciel en lui, n'est-t-il pas le modèle des croyants? Et l'enfant, — l'enfant sur lequel n'ont point encore soufflé les vents désséchants que soulève la lutte pour la vie, — n'est-il pas comme la feuille vierge où l'on trace, souvent indélébiles, des caractères et des sentences ?

Oui, dira-t-on, mais... mais votre homme riche, à l'intérieur magnifique, se laisse entraîner par sa vanité hors du terrain de la raison; mais votre amoureux a sur le cerveau et sur les yeux un épais bandeau ; mais l'enfant, dont vous me parlez, accepte tout ce qu'on veut lui faire accepter, précisément parce qu'il ne sait encore rien et n'a point de jugement.

La valeur de cette objection est apparente, — mais réelle, non pas. Comprenez, en effet, que ce qui trompe le moins, en l'homme comme en tous les animaux, c'est l'instinct. On pourrait presque aller jusqu'à dire que l'instinct ne trompe jamais. L'intelligence souvent fait fausse route; l'instinct, lui, est à peu près infaillible. Or, quelle est chez l'homme riche, chez l'amoureux, chez l'enfant, la faculté agissante et déterminante dans l'assimilation à son être d'une disposition ou d'un principe ? C'est précisément l'instinct, et non l'intelligence.

Ici, il est vrai, il y a lieu de s'expliquer et de préciser. L'instinct demande seulement la croyance; il est le plus souvent muet sur le caractère que doit avoir cette croyance. L'enfant, par exemple, s'imprégnera de ce dont on voudra bien l'imprégner, — des dogmes erronés aussi volontiers que des dogmes exacts. D'où l'on pourrait être tenté de déduire que la foi est un leurre, tant qu'elle ne repose pas sur des données que l'on a vérifiées.

Mais il faut remarquer que cette façon de conclure s'applique seulement aux particularités de la foi, aux détails qu'elle comporte; elle ne saurait être un argument contre la foi elle-même considérée dans son essence et dans sa généralité.

Nul ne conteste que certaines croyances doivent être rejetées ; et le guide existe, grâce auquel on peut faire un choix parmi les croyances, adopter celles qui sont saines et éliminer celles qui sont malsaines. Ce guide, c'est ce que les anciens appelaient vox populi, c'est l'assentiment de la grande majorité des peuples. Qu'un homme méconnaisse la loi de Dieu, c'est possible; qu'un groupe d'individus soit réfractaire à cette loi, c'est encore possible; mais que la presque universalité des humains soit dans ce cas, c'est inadmissible, attendu qu'admettre le fait serait proclamer l'impuissance de Dieu sur le monde qu'il a créé et qu'il gouverne.

Or la presque universalité de nos semblables croit aux présages. La femme, surtout, — la femme, qui procède pas instinct bien plutôt que par raisonnement et a l'intuition des réalités avant d'en avoir les preuves, — la femme a foi dans les présages. Et cette foi est d'autant plus profonde que l'instruction est moins développée, c'est-à-dire que la nature a été soumise à moins de règles qui la détournent de ses besoins primitifs.

La foi aux présages... mais vous la trouverez partout, — même chez les plus sceptiques. Et sans doute elle serait plus générale encore, n'étaient les supercheries, tôt ou tard découvertes, de charlatans qui se font des sciences occultes, auxquelles ils n'entendent rien, un levier grâce auquel ils réalisent d'importants bénéfices.

Les présages... mais les plus grands génies y ont cru; mais tous les peuples, anciens et modernes, y ont foi. Qu'importent, dans ce concert, les quelques notes discordantes de gens qui nieraient le soleil, s'ils l'osaient?

Voici cent personnes réunies au hasard. Combien, parmi ces cent personnes, consentiraient volontiers à s'asseoir à une table avec douze autres? Combien ne frissonneraient pas, si dans la pièce où elles se trouvent, une glace venait à se casser? — Superstition, diront les incrédules par système; mais ils sont bien rares, ces incrédules, et encore n'est-il pas certain que, dans leur for intérieur, ils pensent comme ils prétendent penser.

Parcourez l'histoire ; partout vous verrez se mani-

fester l'influence des présages ou des oracles, — aussi nécessaires à l'homme que la philosophie et la religion, suivant l'expression de Joseph de Maistre. Dans l'Écriture Sainte, les songes sont constamment interprétés ; dans les annales grecques et romaines, les oracles jouent un rôle important ; au moyen âge, on croit aux prédictions ; et, à notre fin de siècle, il n'apparaît pas que les sciences occultes soient délaissées.

Dans les religions anciennes, l'oracle était la révélation attribuée à quelque divinité, en réponse aux questions des hommes. Les réponses se donnaient soit par la bouche des prêtres ou des prêtresses, soit par d'autres signes. Il y avait vingt-deux oracles où l'on consultait Apollon, et dont le plus célèbre était celui de Delphes. Jupiter avait aussi un grand nombre d'oracles, dont le plus ancien et le plus fameux était celui de Dodone, en Épire. Cérès présidait à Patræ, en Achaïe ; Mercure, à Pharæ ; Pluton et Proserpine, à Nysa, en Carie. Pausanias appelle l'oracle d'Amphilocus, en Cilicie, le plus digne de foi que l'on connût de son temps. Chez les Romains, les principaux oracles étaient ceux de Faune, dans le bois d'Albunea et sur le mont Aventin, ceux de la Fortune, et celui de Mars, qui existait dès les temps les plus reculés à Tiora Matiena.

Du temps de l'Empire romain, la foi aux oracles était telle que les princes avaient peur qu'on ne les consultât à leur sujet. C'est Lucain lui-même qui le constate : « Les oracles sont muets, dit-il, depuis que *les princes craignent l'avenir ; ils ont défendu aux dieux de parler et les dieux ont obéi.* »

Les empereurs chrétiens abolirent les oracles; mais ils ne purent empêcher que l'on eût toujours foi aux livres sibyllins, sans cesse augmentés de nouveaux versets. La croyance des chrétiens en ces prophéties païennes est encore naïvement attestée dans un hymne célèbre, le Dies iræ :

Dies iræ, dies illa
Solvet sæclum in favilla,
Teste David, cum Sibylla.

Le mosaïsme, lui aussi, eut ses prophètes; mais on ne voit pas qu'il y ait eu parmi les Juifs d'institutions semblables à l'oracle de Delphes ou à la caverne de Trophonius. Toutefois, les évocations des morts sont assez fréquentes dans l'Ancien Testament; ainsi, Saül évoqua l'ombre de Samuel par l'entremise de la Pythonisse d'Endor.

Après l'avènement définitif du christianisme, c'est de l'horoscope, du thème de nativité, c'est-à-dire de l'état du ciel observé au moment de la naissance de l'individu, que l'on tire le plus de prédictions. Nous sommes ici dans l'astrologie, qui va durer et s'imposer jusqu'à la fin du siècle dernier.

Qu'est-ce, en somme, que l'astrologie ? — C'est l'astronomie théologique. Les astrologues, autrefois, étaient communément désignés sous le nom de mathématiciens.

Où et comment est née l'astrologie? En Chaldée, sans doute, par la contemplation assidue du ciel. Au dire de certains auteurs, les Chaldéens appuyaient leurs théories sur une suite d'observations remontant à 473.000 ans. On a retrouvé à Ninive les fragments d'un grand traité d'astrologie, compilé pour Sargon Ier, et qui constituait le manuel des astrologues chaldéens au VIIe siècle avant notre ère.

En réalité, l'astrologie a pour point de départ cette idée, que tous les phénomènes du monde et de la vie sont liés par une étroite solidarité. De ce principe il résulte que de l'observation et de l'étude du mécanisme céleste on doit pouvoir déduire, non seulement la connaissance de l'action des astres sur la terre, mais encore déterminer leur influence sur la vie de tous les êtres de la création. Ainsi comprise, l'astrologie est donc l'application pratique de la science que nous appelons astronomie.

Pour déterminer l'influence sidérale sur la vie humaine, il faut tenir compte des qualités spéciales dont les astres sont doués; de plus, chacun de ces astres engendre ses qualités ou leurs contraires suivant que l'action est positive ou négative sur les êtres qui en ressentent l'effet. Enfin, le sens positif ou négatif dans lequel s'exerce l'action d'un astre et l'intensité de cette action varient suivant la position occupée par l'astre dans le ciel.

Ce n'est pas tout. On ne saurait considérer un astre isolé; les astres voisins concourent nécessairement à son effet, ou contrarient cet effet. Il y a donc lieu de déterminer l'effet de la combinaison de plusieurs astres. Or, il y a dans le ciel deux sortes d'astres : les étoiles fixes et les planètes errantes;

de là une multiplicité infinie de combinaisons possibles.

Tout d'abord, on distingue, entre les étoiles fixes, les constellations que parcourt annuellement le soleil, et on répartit ces constellations en douze groupes, qui sont les douze maisons du soleil, chacune d'elles ayant un nom particulier et étant désignée par un signe particulier. Ce sont, en commençant par l'équinoxe du printemps : le Bélier, le Taureau, les Gémeaux, le Cancer, le Lion, la Vierge, la Balance, le Scorpion, le Centaure ou Sagittaire, le Capricorne et les Poissons. Ainsi est constitué le zodiaque, qui existe toujours dans notre calendrier.

C'est le symbolisme zodiacal qui sert de base à toute l'astrologie; l'influence de chaque signe est fondée sur les qualités qui résultent de l'identification de ce signe avec une divinité, de son sexe et de sa position. Toutes les aptitudes, toutes les passions, tous les vices, toutes les qualités physiques ou morales sont ainsi répartis entre les constellations.

Pour déterminer les influences concurrentes ou contraires des divers signes, on tient compte de la variété des aspects, qui, suivant les côtés du polygone formé par les lignes qui les joignent, sont dits trigone, quadrat ou sextil, en opposition ou en conjonction.

Les aspects les plus favorables sont les moins obliques, c'est-à-dire ceux dont les angles du polygone sont le moins ouverts; le trigone est donc supérieur à tous les autres.

Les influences des planètes, symbolisées comme les constellations, entrent en concurrence pour produire leurs actions. Les planètes des astrologues sont: le Soleil, la Lune, Vénus, Mercure, Saturne, Jupiter et Mars. Leurs influences physiologiques et psychologiques sont exposées dans les traités spéciaux — isolément d'abord, puis dans leur distribution au milieu des constellations et au cours des mouvements divers de la sphère céleste et des orbites planétaires.

Cette théorie des influences une fois établie, il reste à déterminer comment elles peuvent agir sur l'existence. Si cette action s'exerçait sans cesse à chaque moment de la vie, il n'y aurait pas de divination possible. Mais, en réalité, il y a dans la vie un moment précis où la destinée de l'homme, est écrite au ciel et fixée sans retour. C'est le moment de la naissance. Déterminer l'état du ciel à cette époque décisive c'est ce que l'on nomme dresser le thème de nativité, ou, en d'autres termes, tirer l'horoscope.

L'astrologie ne se borne pas, d'ailleurs, à soulever le voile qui cache les mystères de la destinée humaine; par leur action sur les diverses parties du corps, les combinaisons des constellations avec les planètes servent à prévoir les maladies, et, conséquemment, à faciliter leur guérison. Par leur influence sur les différentes contrées, elles servent à prédire les révolutions et les guerres. Enfin, leur mouvement dans l'espace sert à distinguer les jours propices des jours néfastes.

On n'a jamais cherché à combattre les principes sur lesquels repose l'astrologie. Ce que certains théosophes lui ont le plus amèrement reproché, c'est de supprimer la volonté humaine au profit du fatalisme. Il y aurait, au point de vue philosophique, bien des arguments à faire valoir contre la portée de cette objection. On pourrait mettre en question le libre arbitre, en se basant exclusivement sur des considérations spéculatives et sur des expériences quotidiennes; dire, par exemple, que, si elle paraît exister, la liberté est, à coup sûr, extrêmement limitée par une foule de circonstances. Mais ce sont là discussions d'école à école qui ne sauraient trouver place ici.

Ce qu'il importe d'affirmer, c'est que la religion, en tant qu'elle reste dogmatique, ne saurait condamner l'astrologie. Et, en effet, la religion met à la base de ses dogmes la prescience de Dieu, par où tout ce qui arrive doit nécessairement arriver, quoi que nous fassions pour l'empêcher, puisque, dès l'origine, tout est inscrit par le Créateur dans le livre de la destinée.

Veut-on, maintenant, juger de la valeur de l'astrologie par quelques-unes des prédictions les plus importantes qu'elle a suggérées et qui se sont réalisées? Citons quelques-unes des plus frappantes.

Edouard IV, roi d'Angleterre, ayant voulu connaître l'avenir de ses enfants, il lui fut répondu qu'ils seraient mis à mort par un de ses deux frères dont le nom commençait par un G. Il fit mettre à mort le duc de Clarence, qui s'appelait George, dans un tonneau de malvoisie; mais il laissa vivre Richard, le fameux Glocester, qui se chargea d'accomplir la prédiction.

Les différents échelons de sa fortune furent prédits à Gerbert, qui devint pape sous le nom de Sylvestre II, dans ce vers latin:

Transit ab R. Gerbetus ad R. post papa regens R.

Avant d'être pape à Rome, Gerbert fut, en effet, évêque de Reims, puis de Ravenne.

A la suite d'anciennes prédictions, on avait muré, à Constantinople, la porte du cirque, par où, disait-on, devait s'introduire le vainqueur. Cette porte fut ouverte, pendant le siège de 1453, pour faciliter une sortie et c'est par là que Mahomet II pénétra dans la ville.

Ferdinand le catholique, roi d'Espagne, évitait toujours d'aller à Madrigal, sa maison de plaisance, parce qu'un astrologue lui avait annoncé qu'il mourrait à Madrigal. Mais un jour qu'il passait par Madrigaloïs, ou le Petit Madrigal, pauvre village de ses Etats, il se trouva mal tout à coup. On le transporta dans une misérable chaumière, et il y mourut dans un réduit qui pouvait à peine contenir son lit.

Jacques Ier, roi d'Écosse, fut massacré la nuit, dans son lit, par son oncle Gautier, comte d'Athol, qui voulait s'emparer de son trône. Un astrologue avait prédit au comte qu'il serait couronné publiquement dans une grande assemblée du peuple, et la prédiction s'accomplit. Le meurtrier fut, en effet, arrêté à Édimbourg et livré au supplice; il fut attaché à la potence, et, devant le peuple rassemblé, le bourreau lui plaça sur la tête une couronne de fer, que l'on avait fait rougir dans un fourneau. Elle portait ces mots : Le Roi des Traîtres.

Un docteur de Louvain, tirant l'horoscope de trois ecclésiastiques en même temps, leur prédit à tous les trois qu'ils seraient papes; et ils le furent, en effet. C'est ce que l'on appelle l'horoscope des trois papes (Léon X, Adrien VI et Clément VII).

Quant aux prédictions d'un caractère général, annonçant des révolutions, des cataclysmes, des chutes d'empire et de dynastie, elles sont innombrables. On trouve, dans les Centuries de Nostradam, à peu près tous les grands événements de l'histoire européenne depuis le XVI° siècle — la mort violente de Henri II, la révolution française, l'avènement de Napoléon, l'emprisonnement du pape, et même la chute de voiture du duc d'Orléans. Dans les prédictions de sainte Brigitte, morte en 1373, sont expressément relatés tous les événements futurs de l'histoire religieuse.

Aussi bien, avant que le scepticisme fût devenu la lèpre de l'humanité, les astrologues étaient tenus en haute estime et en grand honneur. Presque tous les rois de l'ancien régime entretenaient quelques-uns de ces savants, qui étaient en même temps leurs médecins. Alphonse X de Castille s'occupait journellement d'astronomie. Charles V fit venir d'Italie un astrologue célèbre, — le père de Christine de Pisan. Catherine de Médicis et Charles IX eurent pour astrologue le célèbre Michel de Notre-Dame (Nostradamus). L'astronome Tycho-Brahé avait tiré l'horoscope de l'empereur d'Allemagne Rodolphe II. A la naissance de Louis XIII, Henri IV fit tirer l'horoscope de son fils par le médecin Larivière. Lorsque Anne d'Autriche accoucha de Louis XIV, l'astrologue Morin était présent pour dresser le thème de nativité. Au XVIII° siècle, le comte de Boulainvilliers s'acquit, comme astrologue, une célébrité considérable. A la mort de Mme de Pompadour, on trouva dans ses papiers le legs d'une pension de 6.000 livres à une dame Lebon, pour lui avoir prédit, à l'âge de neuf ans, qu'elle serait la maîtresse du roi.

L'art de la divination n'est pas, de beaucoup s'en faut, confiné dans le domaine de l'astrologie. On peut presque dire qu'il dépend de tout ce qui est et de tout ce qui arrive, d'où une multitude de formes : cartomancie, onéiromancie, chiromancie, phrénologie, graphologie, etc. Il descend dans toutes les circonstance de la vie; on pourrait lui appliquer la célèbre phrase du Térence : rien de ce qui interesse l'humanité ne lui est étranger.

Il serait trop long d'entrer ici dans le détail des procédés divers qui ont été mis en œuvre pour arriver à la formation d'un corps de doctrine, à un ensemble de formules applicables à tous en général et à chacun en particulier. On a dû, dans ce livre, se contenter d'exposer, en les résumant, les présages qui naissent des faits les plus ordinaires.

Ainsi abrégé, le travail n'a pas été, d'ailleurs, sans exiger maintes recherches et des soins nombreux. Il a fallu consulter une foule de documents, vérifier les assertions par comparaison, remonter aux sources des croyances, rejeter toutes celles dont l'admission pourrait ne pas être absolument recommandable.

Le livre auquel on est arrivé est, on le croit du moins, — le premier qui, dans un nombre très restreint de pages, contienne toutes les indications générales désirables en matière de présages. Il renferme les présages de bon augure et les présages de mauvais augure, indique ce qu'il faut faire et ce qu'il faut éviter. Il ne pouvait guère englober la chiromancie, la phrénologie et la graphologie, qui sont actuellement des sciences positives, presque universellement admises, et dont traitent des ouvrages spéciaux; mais il donne, en abrégé, l'oracle des songes.

Puisse t-il, tel qu'il est, paraître satisfaisant aux personnes qui le liront ou le consulteront !

PREMIÈRE PARTIE

SUPERSTITIONS DIVERSES

SUPERSTITIONS DIVERSES

Abracadabra.

L'Abracadabra est un mot d'enchantement avec lequel on fait une figure magique qui a le don de préserver d'un grand nombre de maladies et de guérir particulièrement la fièvre. Il suffit de porter, comme un scapulaire, un morceau d'étoffe sur lequel est écrit :

```
         A B R A C A D A B R A
          A B R A C A D A B R
           A B R A C A D A B
            A B R A C A D A
             A B R A C A D
              A B R A C A
               A B R A C
                A B R A
                 A B R
                  A B
                   A
```

Aiguille.

On verra ci-après que le don d'une épingle fixe l'amitié; mais il est loin d'en être ainsi du don d'une aiguille, et c'est semer des germes de discorde qui écloront ultérieurement que de faire cadeau d'une aiguille.

Amulettes.

Images ou figures que les personnes superstitieuses portent sur elles, en leur attribuant de grandes vertus.

Dans plusieurs localités, les paysans se chargent encore, avec dévotion, de croix et de bagues de Saint-Hubert, qu'ils regardent comme de sûrs préservatifs contre la morsure des chiens enragés.

On a fait longtemps des amulettes avec des linges et des images sanctifiés par l'attouchement des reliques, ou avec des morceaux de papiers chargés de versets de l'Ecriture Sainte.

Beaucoup de catholiques portent sur eux le commencement de l'évangile de saint Jean comme préservatif contre le tonnerre.

Les Bretons attribuent aux amulettes le pouvoir de repousser le Démon. Dans le Finistère, quand on porte un enfant au baptême, on lui met au cou un petit morceau de pain noir, pour éloigner les sorts et les maléfices que quelques vieilles sorcières pourraient jeter sur lui.

« Je porte toujours sur moi plus de deux mille passages du Saint Alcoran, dit Rica, dans les *Lettres persanes* ; j'attache à mon bras un petit paquet, où sont écrits les noms de plus de deux cents dervis : ceux d'Hali, de Fatmé et de tous les purs sont cachés en plus de vingt endroits de mes habits. Cependant je ne désapprouve point ceux qui rejettent cette vertu que l'on attribue à certaines paroles. Il nous est aussi difficile de répondre à leurs raisonnements, qu'à eux de répondre à nos expériences. »

Anagramme.

Il y a des gens qui prétendent trouver un sens prophétique dans les mots que l'on peut former en assemblant les lettres contenues dans d'autres mots.

Deux Jésuites en dispute, le Père Proust et le Père d'Orléans, faisaient des anagrammes. Le Père Proust trouva dans le nom de son confrère : *l'Asne d'or*, et le Père d'Orléans découvrit dans celui du Père Proust : *Pur sot*.

César Coupé, célèbre anagrammatiste et fertile en bons mots contre les maris qui avaient des femmes coquettes, en épousa une qui fit parler d'elle. Il fut obligé de s'en séparer. Quelqu'un qui avait une revanche à prendre de ce satirique, publia l'anagramme de son nom où l'on trouvait : *Cocu séparé*.

Anneau.

L'anneau est un porte-bonheur.

Beaucoup de maris sont persuadés qu'en

portant au quatrième doigt de la main gauche un anneau dont ils ont fait l'acquisition la veille du jour de leur mariage, ils ne subiront pas le sort de Gorges Dandin.

Il y avait autrefois des anneaux magiques qui avaient la vertu de préserver de la crampe. Ceux d'aujourd'hui sont surtout efficaces contre les maux de tête.

Si une femme perd son anneau de mariage, elle peut s'attendre à de grandes épreuves.

Il y a un anneau appelé *bague de Saint-Hubert* qui préserve contre la morsure des chiens enragés.

V. *Mariage, Enfants*.

Antipathie.

C'est un fort mauvais présage de se rencontrer fréquemment avec des gens pour lesquels on éprouve de l'antipathie.

Plus les rencontres sont fréquentes, plus l'antipathie est vive, plus il faut redouter des événements fâcheux.

« Certaines espèces animales, dit un sage,
« ont des antipathies très grandes pour d'au-
« tres espèces ; peut-être ferions-nous bien de
« suivre, avec les gens que nous voyons pour
« la première fois, l'impression sympathique
« et antipathique qu'ils nous font éprouver ;
« n'est-ce pas un reste de notre instinct animal
« autrement avisé et clairvoyant que la Science ?
« Nos frères inférieurs ne se trompent pas
« dans leurs antipathie. »

Apparition.

Les apparitions ne peuvent plus être rangées aujourd'hui parmi les superstitions. Elles sont classées dans la *vraie* Science, qui ne donne jamais dans la superstition et qui, pour cette cause, les a appelées **Hallucinations télépathiques**!!

Arc-en-ciel.

Si l'arc-en-ciel plonge ses deux extrémités dans l'eau de la mer, on dit qu'il pêche, et c'est un fort mauvais présage.

On voit fréquemment deux arcs-en-ciel — l'un grand, l'autre petit et entouré par le premier. Quand le petit sera devenu égal au grand et aussi brillant que lui, la fin du monde sera prochaine.

En Bretagne, pour empêcher l'arc-en-ciel d'amener la pluie, on crache dans sa main gauche et l'on coupe son crachat en deux, avec la main droite, en disant :

> Arc-en-ciel, si tu passes par mon blé,
> Je te coupe par moitié.

Celui qui réussira à lancer son soulier par dessus l'arc-en-ciel, retrouvera ce soulier plein d'or.

Il ne faut pas passer sous l'arc-en-ciel. L'homme à qui arriverait ce malheur serait changé en femme, et la femme serait changée en homme.

C'est probablement de cette superstition que vient l'expression : « Elle a passé sous l'arc-en-ciel, » dont se sert le peuple pour dépeindre ces femelles velues, à la voix, aux allures et aux gestes masculins qui sont antipathiques à l'un et à l'autre sexe parce qu'elles n'appartiennent proprement à aucun.

Enfin, malheur à celui qui montre l'arc-en-ciel avec le doigt.

Aubépine.

L'aubépine préserve de la foudre. Quand on entend gronder l'orage, quand on voit briller les éclairs, il est prudent de se retirer sous un buisson d'aubépine si l'on veut être à l'abri du danger.

Avant le crucifiement de Jésus-Christ, cet arbuste n'avait pas cette propriété, mais chacun sait que les Juifs le couronnèrent avec les branches épineuses de l'aubépine ; et c'est depuis cette époque que l'aubépine sert de paratonnerre aux gens simples et à l'âme pure, c'est-à-dire à ce qui reste d'honnêtes gens ici-bas.

Bâillement.

La politesse veut que l'on mette sa main devant sa bouche lorsque l'on bâille. C'est d'abord éviter un fort vilain spectacle à la galerie; puis, si vous la laissez ouverte, vous risquez de laisser pénétrer le diable dans votre corps.

Ajoutons que si l'on bâille le matin c'est signe de visite.

Balai.

Pour attirer la pluie, il faut tremper un balai dans l'eau et l'exposer ensuite à la fenêtre.

Bohémien.

Si l'on rencontre un bohémien, au moment où l'on se met en route, c'est un fort mauvais présage. Mais si l'on en rencontre une bande, l'augure est encore beaucoup plus mauvais.

Ce qui fait qu'on ne saurait trop redouter la rencontre de ces vagabonds, c'est qu'ils jettent des sorts et que la plupart d'entre eux ont le mauvais œil.

Bosse. — Bossu.

La bosse est un porte-veine sans égal. A ce propos, le journal *le Soleil* du 22 novembre 1881 rapporte l'anecdote suivante :

« Ce soir, vers sept heures, deux dames très élégamment mises, l'une grande et blonde, l'autre brune et rapetissée par cette difformité naturelle dont le contact porte bonheur, avaient pris le fiacre n° 1097 de la Compagnie Générale pour se rendre au théâtre. La voiture suivait rapidement la rue de la Chaussée-d'Antin, quand, en face de la rue de la Victoire, une roue de l'arrière-train se détacha tout à coup, et le véhicule s'arrêta en se couchant sur le côté droit.

Le cocher se trouve sur le pavé sans aucun mal et se met en devoir d'extraire de sa voiture les deux voyageuses qui poussaient de grands cris de terreur. La plus petite des deux dames est la première dehors ; elle n'a pas été blessée, l'autre sort ensuite toute tremblante, et le cocher en lui donnant le bras pour l'aider à prendre pied sur la chaussée, lui dit : « Elle vous a porté bonheur ! Vous n'avez rien non plus ! » A ceci la petite brune réplique malicieusement : « Porté bonheur, à elle peut-être ; mais pas à vous cocher, non, pas de pourboire ! » Et elle entraîne sa compagne, laissant le cocher tout ahuri.

Bouteille.

Quand on verse à boire, la personne à qui échoit le fond de la bouteille se mariera dans l'année.

Café.

Quiconque a contracté l'habitude de mettre du sucre dans sa tasse avant que l'on y verse le café est condamné au célibat éternel. (V. *Marc de café*, page 296.)

Chaise.

Si vous faites tourner une chaise avec la main, vous provoquerez de graves discordes.

Chandelle.

Lorsqu'il se forme sur la mèche d'une chandelle ou d'une lampe des charbons rouges appelés *chapeaux*, ces chapeaux annoncent une visite ou une nouvelle.

Quand une chandelle s'éteint brusquement, sans cause apparente, c'est un présage de grave malheur.

Charrue.

Dans les Vosges, et particulièrement dans le canton de Saulxures, si quelqu'un enjambe une charrue dans un champ, la récolte est considérée comme compromise.

On doit *rejamber* cette charrue, c'est-à-dire repasser la jambe en sens inverse.

Mais si c'est une femme qui a passé la jambe par-dessus la charrue, il faut cesser tout travail aratoire pour ne le reprendre que le lendemain.

Cheveux.

On doit éviter de se faire couper les cheveux pendant le premier quartier de la lune, ou l'un des jours de la semaine dont le nom prend une R (mardi, mercredi, vendredi), sous peine d'éprouver de violents maux de tête.

Quiconque jetterait au feu des démêlures risquerait de s'attirer le mauvais sort.

Choux.

Ne mangez pas de choux le jour de Saint-Étienne (26 décembre), parce que c'est dans un carré de choux que ce saint se cacha pour éviter le martyre. Quiconque contrevient à à cette prohibition s'expose au courroux de Saint Étienne.

Cloches.

Les cloches doivent être baptisées, si l'on veut qu'elles éloignent les orages et le tonnerre. On les met en branle quand la tempête est imminente.

Si l'on attendait, pour carillonner, que l'orage eût éclaté, on attirerait précisément le danger que l'on évite en s'y prenant plus tôt. « Le 15 août 1718, disent les *Mémoires de l'Académie des Sciences*, un épouvantable orage s'étendit sur la Basse-Bretagne et le tonnerre tomba sur vingt-quatre églises; or, ces vingt-quatre églises étaient précisément celles où l'on sonnait les cloches ; toutes les autres, où elles avaient sonné plus tôt, furent épargnées.

Coiffure.

Si un homme est coiffé de travers, il est menacé d'un procès.

Si une femme se coiffe de travers, elle sera soumise à la tentation d'adultère.

Comédien. — Comédienne.

C'est un mauvais présage de faire route accidentellement avec un comédien. Si l'on voyage avec une comédienne, c'est signe de discorde prochaine dans le ménage.

Comète.

L'apparition d'une comète est de fort mauvais augure; toutefois elle est le signe certain que le vin récolté dans l'année sera d'excellente qualité.

Chaque fois qu'apparaît une comète, le monde doit être inquiet, car la terre sera un jour brûlée par une comète.

Corde de pendu.

La corde de pendu est un porte-bonheur. Elle donne, en particulier, de la chance au jeu.

Avec de la corde de pendu, on échappe à tous les dangers. On n'a qu'à se serrer les tempes avec une corde de pendu pour se guérir de la migraine. En portant un morceau de cette corde dans sa poche, on est exempt du mal de dents. Enfin, on se sert de cette expression proverbiale « avoir de la corde 'de pendu » pour indiquer un bonheur constant et inaltérable. Beaucoup de personnes, principalement en Angleterre, courent encore après la corde de pendu.

Corde d'instrument.

Si la corde d'un instrument de musique vient à se rompre sans que l'on y touche, il faut s'attendre à un malheur.

Cordon de soulier.

S'il arrive que le cordon de votre soulier se rompe au moment où vous sortez de votre demeure, vous pouvez rentrer chez vous, car vous ferez un fort mauvais voyage. D'ailleurs, quelle que soit la circonstance où se rompra le cordon de votre chaussure, c'est signe que de nombreuses difficultés vont se présenter à vous.

Cors aux pieds.

Lorsque les corps aux pieds causent des souffrances particulièrement vives, c'est signe de pluie.

Couteau.

C'est un fort mauvais présage lorsqu'on trouve sur la table les couteaux en croix.

Si vous pouvez vous emparer du couteau de la femme que vous aimez, elle deviendra incapable de vous résister.

Il faut bien se garder de donner un couteau à un ami; ce serait infailliblement la cause d'une rupture.

Crachat.

Cracher sur soi-même par inadvertance est un fort mauvais présage.

Croix.

Trouver les couteaux, les fourchettes, les cuillers en croix, est un fort mauvais présage. Il n'est même pas de bon augure de trouver sur son chemin des bâtons, des branches d'arbres, des pailles en croix. Il faut aussi regarder comme un indice mauvais les croix que les enfants font sur le sable d'une cour, ou sur les portes d'une habitation.

Dispute.

Il y a présage de dispute :

1° Lorsqu'on met du sel dans l'assiette d'un convive ;

2° Lorsqu'on chante au moment où l'on met sur le feu la marmite ou le chaudron ;

3° Lorsqu'en laissant tomber à terre un couteau, une aiguille, une épingle, ou tout autre objet pointu, cet objet reste planté dans le plancher ;

4° Lorsqu'on se réveille sur le côté gauche ;

5° Lorsqu'on met la pointe du pied dans le talon de son bas ;

6° Lorsqu'on rencontre en route plusieurs pies qui jacassent.

7° Lorsqu'on chausse son pied droit avec le soulier du pied gauche, et réciproquement.

Si vous ne voulez pas avoir une dispute avec quelqu'un, serait-ce votre femme, ne vous lavez pas les mains dans la même eau que lui.

Si, cependant, la chose arrivait, vous pourriez amoindrir considérablement la gravité de la dispute en crachant dans l'eau dont vous

vous êtes servi et en priant la personne d'en faire autant.

Douze.

Trois est la base en hermétique, quatre est le carré. Le nombre douze qui est égal à trois fois quatre, est donc un nombre extrêmement heureux. D'ailleurs ne sait-on pas que les apôtres étaient douze, qu'il y a douze signes du zodiaque, deux fois douze heures dans le jour, douze mois dans l'année, que Jacob eut douze fils, etc.?

Echelle.

Passer sous une échelle porte malheur.

Enterrement.

Il est très mauvais de couper la file qui suit un convoi funéraire, cela porte malheur.

Envie.

Les envies sont des taches cutanées — tantôt simples plaques colorées, d'autres fois excroissances garnies de poils — Elles se colorent plus vivement à certaines saisons. Elles proviennent, dit le vulgaire, de désirs non satisfaits de la mère pendant la grossesse, et se produisent à l'endroit même où elle s'est grattée pendant la grossesse. Aussi faut-il qu'une femme enceinte évite avec soin de se gratter dans certains endroits, car si une envie venait à la prendre au moment où elle se gratte, la chose désirée serait empreinte sur la partie du corps de l'enfant qu'elle porte en son sein, à l'endroit même où la mère se serait grattée.

La Science moderne n'admet point cette donnée populaire ; mais si elle est impuissante à expliquer la cause des envies, elle s'est rattrapée en leur donnant un nom latin, elle les appelle *Nævi Materni*.

Épingle.

On verra au chapitre du mariage que la jeune fille qui met la première épingle à la toilette d'une mariée peut être certaine de se marier bientôt.

Le don d'une épingle fixe l'amitié, mais il est loin d'en être ainsi du don d'une aiguille, ainsi qu'on l'a vu ci-dessus.

Éternuement.

Lorsque vous éternuez, c'est signe de santé ou d'amélioration dans votre état sanitaire.

Si une personne éternue à votre droite, c'est un heureux présage ; si c'est à gauche, l'augure est beaucoup moins bon sans cependant être absolument défavorable.

Étoile filante.

Celui qui, pendant qu'une étoile filante est visible, peut dire ces trois mots : *Metz*, *Toul*, *Verdun*, devra s'attendre à un événement heureux. D'ailleurs tout vœu que l'on pourrait formuler à haute voix pendant que file une étoile s'accomplirait.

Fer à cheval.

Trouver un fer à cheval est l'indice d'une grande prospérité future, surtout si on a soin de le conserver et de l'accrocher au-dessus de sa porte.

Flamme.

Quand la flamme *bondit* dans l'âtre, c'est signe de malheur prochain.

Gâteaux.

Pour éviter bien des ennuis, sinon bien des malheurs, faites des gâteaux que vous mangerez en famille le jour de la Saint-Corentin. Donnez à ces gâteaux la forme d'un chapeau à trois cornes, car ce saint avait coutume de se couvrir la tête avec un chapeau à trois cornes.

On a rarement vu une famille qui a l'habitude de faire et de manger cette pâtisserie au jour indiqué ne pas être une famille heureuse.

Grossesse.

Une femme enceinte fera bien de porter la culotte de son mari quelque temps avant le terme de sa grossesse. Elle évitera ainsi, à n'en pas douter, les souffrances d'un accouchement laborieux; et si, en outre, son mari est coureur, c'est lui qui endurera les douleurs de l'enfantement.

Lampe.

Celui qui veut être sûr de gagner aux cartes, doit faire tourner trois fois autour de la lampe, de la bougie, ou de la chandelle le jeu dont il va se servir.

Lessive.

Si l'on fait la lessive entre les deux *Châsses*, c'est-à-dire entre les deux Fête-Dieu, on peut être certain que les maîtres de la maison mourront dans l'année. (Croyances du centre de la France.)

Si l'on fait la lessive pendant les Rogations, on doit s'attendre à voir mourir quelqu'un de la famille avant la moisson. (*Ibid.*)

Il y a deux moyens infaillibles de faire une bonne lessive. Voici le premier. Si, dans la matinée du jour où on la chauffe, la ménagère se met en colère, la lessive sera excellente. (Dans les Deux-Sèvres, au contraire, il ne faut pas se mettre en colère quand on fait la lessive, parce qu'elle ne serait pas bonne.) — Le second moyen consiste à donner au chat de la maison, le jour où l'on fait la galette, le premier morceau de cette pâtisserie.

Dans l'Eure, quand on fait la lessive, on a grand soin de retirer le cuvier de dessus les tréteaux aussitôt qu'il n'y a plus de linge dedans, sans cela une personne de la famille mourrait dans l'année.

Dans d'autres provinces, si on laissait la cuve vide sur le trépied, celle des femmes de la maison qui accoucherait la première souffrirait autant de temps que la cuve serait restée en une telle situation.

Ailleurs, s'il pleut le jour où l'on fait la lessive, cela indique que le maître du logis n'est pas un mari fidèle.

Gardez-vous de faire la lessive pendant l'octave de la Toussaint, ni pendant les Rogations, ni le Vendredi Saint, ni pendant l'octave de la Fête-Dieu, de peur d'attirer de grands malheurs.

Dans le Gard, on s'abstient de faire la lessive pendant le mois de mai: contrevenir à cet usage serait amener la mort de quelqu'un dans la maison.

En Brie, pour éviter les *images* ou *figures* sur le linge, on répand sur le cuvier, lorsque le linge y est empilé, une poignée de sel en croix; sans cette précaution, le diable s'amuserait à charmer la lessive et à y tracer des dessins bizarres que tous les savants du monde ne pourraient effacer.

Livre.

Il est un moyen très simple d'éviter que vos livres vous soient volés. Dessinez sur ces livres une potence à laquelle un homme sera représenté pendu, et écrivez la formule suivante au-dessous de votre dessin :

> Aspice Pierrot pendu,
> Qui hunc librum n'a |pas rendu;
> Si hunc librum reddidisset,
> Pierrot pendu non fuisset.

C'est généralement au revers de la couverture que ce talisman est placé.

Nain.

Les nourrices doivent éviter de croiser leurs regards avec ceux d'un nain, si elles ne veulent pas perdre immédiatement leur lait.

Œil (*Mauvais œil*).

Il y a des gens qui possèdent dans les yeux le pouvoir d'attirer sur autrui des sorts funestes : ils ont le *mauvais œil*. Ces gens se reconnaissent à leurs sourcils épais, broussailleux, et se joignant à la naissance du nez; les femmes qui ont le mauvais œil ont en général le regard perçant et le globe oculaire enfoncé dans l'orbite.

Quand on reçoit la visite d'une de ces sinistres personnes, on est menacé d'une mort prochaine.

Il faut avoir grand soin de ne pas regarder en face les gens qui ont le mauvais œil.

Oreilles (*Tintement d'*).

Si l'oreille droite vous tinte, c'est signe que l'on parle favorablement de vous; si c'est l'oreille gauche, vous pouvez être certain qu'on ne fait pas votre éloge.

Pain.

Rien n'attire le mauvais sort dans une maison comme de placer le pain sur son côté convexe, au lieu de le placer sur son côté plat.

Pour attirer le bonheur, il est bon de faire une croix sur le pain avant de l'entamer.

Quand on emménage dans un nouvel appartement, il convient, pour y attirer le bonheur, de mettre dans un coin quelconque de cet appartement un petit sac contenant un morceau de pain et un peu de sel.

Pensée.

Si vous désirez connaître la pensée d'une femme, vous n'avez qu'à boire dans son verre.

Peur.

On prétend que pour se préserver de la peur, il faut porter sur soi une épingle qui a été fichée dans le linceul d'un mort.

Poignée de main.

Lorsque quatre personnes se rencontrent, elles doivent éviter de se donner la main en se croisant. Faute de cette précaution, il arriverait, dans la journée, malheur à l'une d'entre elles.

Rencontre.

Malheur à qui rencontre, au moment d'entreprendre un voyage, une femme, un prêtre, un moine, un lièvre, un serpent ou un cochon. Si la rencontre a lieu le matin, le présage est encore plus mauvais.

Saleté.

Quand, par mégarde, on met le pied dans la saleté, c'est signe de bonheur.

Salut.

Ne saluez pas une personne pendant une nuit noire, de peur que votre salut ne s'adresse à un démon ou à un jettatore.

Sept.

Sept est le nombre heureux par excellence. Il est composé de trois, qui est la base, et de quatre qui est le carré. Dans les livres hermétiques, sept est synonyme de complet. (*V. page* 169).

Sifflement.

Fille qui siffle,
Vache qui beugle,
Poule qui chante le coq,
Sont trois bêtes à tuer.

Sou percé.

C'est un talisman de grande efficacité pour un joueur, surtout si on l'a gagné au jeu.

Treize.

On a toujours considéré le nombre treize comme un nombre fatal. Si l'on est treize à table, l'un des convives mourra dans l'année. Si une famille emménage le treize du mois, elle sera malheureuse. Une affaire commencée le treize ne réussit pas. Si le treize est un vendredi, la journée est plus néfaste encore.

LES ŒUFS

Les Œufs.

Chez les Romains, l'œuf était regardé comme l'emblème de la Nature, comme une substance mystérieuse et sacrée. On devait en briser la coque, après l'avoir mangé, pour détruire les charmes. On se contentait quelquefois de la percer avec un couteau, et souvent de frapper trois coups dessus.

A Rome, les œufs servaient aussi d'augure. Julie, fille d'Auguste, étant grosse de Tibère, désirait ardemment un fils; pour savoir si ses vœux seraient accomplis, elle prit un œuf, le mit dans son sein, l'échauffa; quand elle était obligée de le quitter, elle le donnait à une nourrice pour lui conserver sa chaleur. L'augure fut heureux, dit Pline, elle eut un coq de son œuf et un enfant mâle de son mari.

Albert le Grand nous apprend, dans ses Secrets, que si l'on broie dans du vin blanc des coques d'œufs, on rompt les pierres tant des reins que de la vessie en buvant ce mélange.

Les devins des anciens jours voyaient dans la forme extérieure et dans les figures intérieures d'un œuf, les secrets les plus impénétrables de l'avenir.

On devine à présent l'avenir par l'inspection des blancs d'œufs; des Sibylles modernes ont rendu cette divination célèbre. Voici comment on doit procéder :

Il faut prendre un verre d'eau, casser dessus un œuf frais et l'y laisser tomber doucement. On voit par les figures que le blanc d'œuf forme dans l'eau divers présages. Quelques-uns cassent l'œuf dans l'eau bouillante. On explique alors les signes comme pour le marc de café.

La divination par le blanc d'œuf est ainsi indiquée par le Grimoire :

« L'opération de l'œuf, dit ce livre, est pour
« savoir ce qui doit arriver à quelqu'un qui
« est présent lors de l'opération. On prend un
« œuf d'une poule noire, pondu le jour; on le

« casse, et on en tire le germe. Il faut avoir un
« grand verre bien fin et bien net, l'emplir
« d'eau claire et y mettre le germe de l'œuf;
« on met ce verre au soleil de midi dans l'été,
« en récitant des oraisons et des conjurations,
« et, avec le doigt, on remue l'eau du verre
« pour faire tourner le germe; on le laisse
« ensuite reposer un instant et on regarde
« sans toucher. On y voit ce qui aura rapport
« à celui ou à celle pour qui l'opération se fait.
« Il faut tâcher que ce soit un jour de travail,
« parce qu'alors les objets s'y présentent dans
« leurs occupations ordinaires. Si l'on veut
« voir si un garçon ou une fille a sa virginité,
« le germe tombera au fond; s'il ne l'a pas, le
« germe ne remue point. (*Les Trois Grimoires*,
page 55.)

Faut-il ajouter que les gens doctes en grec appellent *Oomancie* ou *Ooscopie* la divination par les œufs !

Aujourd'hui encore, dans plusieurs provinces, pendant la semaine sainte, les jeunes gens se présentent dans toutes les maisons, avec une corbeille ornée de rubans, et chacun s'empresse de leur donner des œufs. En faisant ce cadeau, les uns ne font que suivre l'usage ; mais le plus grand nombre estiment que c'est là un moyen infaillible de préserver pendant toute l'année le poulailler contre les incursions des fouines et des renards.

D'ailleurs, les récalcitrants et les esprits forts sont sur-le-champ rappelés à l'observance de la coutume ; les quêteurs ont, en effet, fait à l'avance provision de tous les œufs pourris qu'ils ont pu trouver, et ils lancent ces œufs contre la porte des gens qui les ont laissés partir les mains vides.

Si on trouve dans le poulailler un œuf sans coquille c'est un mauvais présage. On peut, il est vrai, conjurer le malheur dont on est menacé, ou tout au moins en diminuer considérablement la portée, en pendant l'œuf à la crémaillère.

En Bretagne, la tradition veut que l'on s'abstienne de manger des œufs pendant toute la Semaine Sainte et que l'on en mange une douzaine le jour de Pâques. C'est là le meilleur moyen de rendre féconds les animaux domestiques dont on est possesseur.

En Corse, on conserve avec un soin religieux

l'œuf pondu le jour de l'Ascension. Cet œuf, qui durcit sans se gâter jamais, a le pouvoir, quand on en est muni, de calmer le vent et d'apaiser la tempête.

Dans la plupart des pays, il est d'usage, quand on a mangé un œuf à la coque, d'en briser la coquille en menus morceaux. Si l'on manquait à cet usage, les poules cesseraient de pondre. Si l'on se reporte à ce qui a été dit au commencement de cette rubrique, on voit que les superstitions relatives aux œufs et les pratiques qui s'y rattachent ne datent point d'aujourd'hui, et nul ne pourrait dire à quelle date reculée elles remontent, car les Romains n'ont rien inventé, même en matière de superstition, et Dieu sait s'ils y furent ingénieux.

Dans certains villages de Normandie, après les fêtes de Pâques, les sacristains entreprennent une tournée dans les hameaux de leur paroisse pour opérer la rentrée des *Pâquerets*. On appelle ainsi les œufs de Pâques qu'il est d'usage de donner, si l'on veut que les enfants de la maison apprennent facilement le catéchisme.

SUPERSTITIONS

RELATIVES A LA PHYSIONOMIE

SUPERSTITIONS

RELATIVES A LA PHYSIONOMIE

Lavater est le créateur d'une science à laquelle on a donné le nom de *physiognomonie*. Elle a pour but de déterminer, d'une façon plus ou moins exacte, le caractère des individus, non seulement d'après les traits de leur visage, mais encore d'après l'ensemble de leur conformation extérieure.

Il ne sera question ici que des remarques faites par le vulgaire sur le rapport qui peut exister entre le physique des gens et leur caractère. Comme le caractère d'un individu est l'un des principaux facteurs de sa destinée, si ces remarques étaient, dans un certain nombre de cas, reconnues exactes, elles auraient une valeur considérable. Mais ne s'agit-il point de simples croyances admises sans examen, ou, en d'autres termes, de superstitions surannées et tout au plus dignes de figurer au musée des curiosités historiques ?

Quoi qu'il en soit, beaucoup de personnes, même parmi les plus sérieuses, persistent à croire que l'individu dont la bouche, ou la démarche, ou l'écriture est de travers, aura dans sa façon de penser, dans son caractère, dans ses procédés, du louche, de l'inconséquence, de la fausseté, de la ruse, des contradictions et de la fourberie.

Mais examinons, par ordre et successivement, chacune des parties du corps humain.

La tête.

Une tête qui est en proportion avec le reste du corps, qui paraît telle au premier abord, et qui n'est ni trop grande ni trop petite annonce un caractère d'esprit beaucoup plus parfait qu'on en oserait attendre d'une tête disproportionnée. Trop volumineuse, elle indique presque toujours une stupidité grossière;

trop petite, elle est un signe de faiblesse et d'ineptie, surtout si elle est aplatie aux tempes. « Tête d'oiseau est synonyme de bêtise. »

Quelque proportionnée que soit la tête au corps, il faut encore qu'elle ne soit ni trop arrondie ni trop allongée : plus elle est régulière, et plus elle dénote la noblesse des sentiments.

On peut considérer comme une tête bien organisée celle dont la hauteur perpendiculaire prise depuis l'extrémité de l'occiput jusqu'à la pointe du nez est égale à sa largeur horizontale.

Une tête trop longue annonce un homme de peu de sens, vain, curieux envieux et crédule.

La tête penchée vers la terre est la marque d'un homme sage, constant dans ses entreprises. Une tête qui tourne de tous les côtés annonce la présomption, la médiocrité, le mensonge, un esprit léger et un jugement faible.

Le visage.

On peut diviser le visage en trois parties, dont la première s'étend depuis le front jusqu'aux sourcils, la seconde depuis les sourcils jusqu'au bas du nez, la troisième depuis le bas du nez jusqu'à l'extrémité du menton. Plus ces trois parties sont symétriques, plus on peut compter sur la justesse de l'esprit et la régularité du caractère en général.

Le caractère peut être apprécié bien plus facilement par le profil que par la face. Sans compter que le profil prête moins à la dissimulation, il offre des lignes plus précises, plus simples, et par conséquent la signification en est plus aisée à saisir; tandis que très souvent les lignes de la face sont assez difficiles à démêler.

Un beau profil suppose toujours l'analogie d'un caractère distingué. Mais on trouve beaucoup de profils qui, sans être beaux, dénotent une supériorité du caractère.

Un visage charnu annonce une personne timide, enjouée et crédule. Un homme laborieux a souvent le visage maigre. Un visage qui sue à la moindre agitation, annonce un esprit vain et grossier, et un penchant à la gourmandise. Le visage pâle annonce un tempérament porté aux plaisirs de l'amour.

Les cheveux.

Les cheveux offrent des indices multiples du tempérament de l'homme et aussi de ses facultés morales et intellectuelles.

Les cheveux longs, plats, disgracieux, n'annoncent rien que d'ordinaire. Les chevelures d'un jaune doré, ou blond tirant sur le brun, qui reluisent doucement, qui se roulent facilement et agréablement, sont des *chevelures nobles*.

Des cheveux noirs, plats, épais, gras dénotent peu d'esprit, mais de l'assiduité et de l'ordre.

Les cheveux rouges caractérisent un homme souverainement bon, ou souverainement méchant.

Les cheveux fins marquent la timidité; rudes, ils annoncent le courage. Des cheveux noirs et minces, placés sur une tête mi-chauve, dont le front est élevé et bien voûté, annoncent un jugement sain et net, mais peu d'imagination.

Les cheveux crépus marquent un homme de dure et lente conception. Ceux qui ont beaucoup de cheveux sur les tempes et sur le front sont grossiers, orgueilleux et impudiques.

La barbe.

Une barbe bien fournie et bien rangée, annonce un homme d'un bon naturel. L'homme qui a la barbe claire et mal disposée a des inclinations féminines.

L'homme qui n'a point de barbe n'est pas un homme.

Les femmes à barbe sont d'un naturel hardi et viril. Mais la femme qui a de la barbe et l'homme qui n'en a point sont constitués contre l'ordre général. Or, tout ce qui sort du cours ordinaire des choses est monstrueux.

Si la couleur de la barbe diffère de celle des cheveux, elle n'annonce rien de bon. De même il faut se défier des gens dont les sourcils sont d'une couleur qui diffère de celle des cheveux.

Le front.

C'est de toutes les parties du visage la plus importante et la plus caractéristique. Les fronts, vus de profil, peuvent se réduire à trois classes générales :

1° Les fronts penchés en arrière ;
2° Les fronts perpendiculaires ;
3° Les fronts proéminents.

Les fronts penchés en arrière indiquent en général de l'imagination, de l'esprit et de la délicatesse.

Une perpendicularité complète, depuis les cheveux jusqu'aux sourcils, est le signe d'un manque absolu d'esprit. Un front perpendiculaire, qui se voûte insensiblement vers le haut, annonce un esprit capable de beaucoup de réflexions, un penseur rassis et profond.

Les fronts proéminents appartiennent à des esprits faibles et bornés, et qui ne viendront jamais à une certaine maturité.

Les contours du front arqués et sans angles décèlent de la douceur et de la flexibilité de caractère.

Pour qu'un front annonce tout à la fois la richesse du jugement et la noblesse du caractère, il doit se trouver dans la plus exacte proportion avec le reste du visage. La couleur de la peau doit être plus claire que dans les autres parties du visage.

Les fronts courts, ridés, noueux, irréguliers, ou qui se plissent toujours, ne sont pas une très bonne recommandation.

Les fronts carrés, dont les marges sont larges, et dont l'os de l'œil est en même temps fortement accusé, supposent un grand fonds de sagesse et de courage.

Un front élevé, avec un visage long et pointu vers le menton, est un signe de faiblesse et d'ineptie. Des fronts allongés, avec une peau fortement tendue et très unie, sur lesquels on n'aperçoit jamais aucun pli, sont l'indice d'un caractère froid, soupçonneux, rempli de prétentions, rampant et vindicatif.

Un front qui du haut penche en avant et s'enfonce vers l'œil est l'indice d'un imbécillité sans ressource.

Des plis obliques au front, surtout s'ils sont parallèles, décèlent infailliblement une pauvre tête. Si ces plis sont droits, parallèles, réguliers, peu profonds, ils annoncent un homme judicieux, sage, probe et d'un sens droit.

Les sourcils.

Des sourcils doucement arqués s'accordent avec la modestie et la simplicité. Placés en ligne droite et horizontalement, ils dénotent un caractère mâle et vigoureux.

Lorsque la forme est moitié horizontale et moitié courbée, la force de l'esprit se trouve réunie à une certaine dose d'ingénuité.

Lorsque les sourcils sont épais et compactes, que les poils sont couchés parallèlement, et pour ainsi dire tirés au cordeau, ils annoncent un jugement solide, un sens droit et rassis.

Les sourcils minces sont une marque infaillible de flegme et de faiblesse. Anguleux et entrecoupés, ils dénotent l'activité de l'esprit.

Plus les sourcils s'approchent des yeux, plus le caractère est sérieux et profond. Une grande distance de l'un à l'autre annonce une conception aisée, un esprit pondéré.

Un homme dont les sourcils sont toujours en mouvement est un homme méprisant et méprisable.

Les yeux.

L'œil appartient à l'âme plus qu'aucun autre organe; il en exprime les passions, les mouvements, et les transmet dans une autre âme.

Les yeux bleus annoncent de la faiblesse, un caractère mou et efféminé. Ce n'est pas qu'il n'y ait des gens très énergiques avec des yeux bleus; mais, en général, les yeux bruns sont l'indice plus ordinaire d'un esprit mâle.

Les yeux de nuance verdâtre sont presque toujours un signe distinctif de vivacité et de courage.

Quand la paupière se dessine presque horizontalement sur l'œil et coupe diamétralement la prunelle, elle annonce ordinairement un homme très fin, très rusé.

De petits yeux noirs, étincelants sous des sourcils noirs et touffus, qui paraissent s'enfoncer lorsqu'ils sourient malignement, annoncent presque toujours de la ruse, un esprit d'intrigue et de chicane. Si de pareils yeux sont accompagnés d'une grande bouche, ils désignent un caractère égoïste, et même un grand penchant à l'avarice.

Des yeux grands, ouverts, d'une clarté transparente, et dont le feu est mobile, brillant et rapide sous des paupières parallèles, peu larges et fortement dessinées, réunissent ces cinq caractères : une pénétration vive, de l'élégance, un tempérament colère, de l'orgueil et un penchant extrême pour les femmes.

Des yeux qui laissent voir la prunelle tout entière, et, sous la prunelle encore, plus ou moins de blanc, sont dans un état de tension qui n'est pas naturel, ou n'appartiennent qu'à des hommes inquiets, passionnés, et à moitié fous ; jamais à des hommes d'un jugement sain, mûr, précis, et qui méritent une parfaite confiance.

Certains yeux sont très ouverts, très luisants avec des physionomies fades ; ils annoncent de l'entêtement et de la bêtise prétentieuse.

Les gens soupçonneux, emportés, violents, ont le plus souvent les yeux enfoncés dans la tête. Le fou, l'étourdi, ont souvent les yeux hors de tête.

Le nez.

Un beau nez ne s'associe jamais avec un visage difforme. On peut être laid et avoir de beaux yeux, mais un nez régulier est toujours accompagné d'une heureuse harmonie entre tous les traits.

Un beau nez suppose toujours un esprit distingué. Les anciens disaient : « Il n'est pas donné à tout le monde d'avoir un nez. » C'est en effet ce qui manque le plus au singe.

Voici d'après les physionomistes quelles sont les conditions requises pour la conformation d'un nez parfaitement beau :

Sa longueur doit être égale à celle du front; il doit y avoir une légère cavité près de la racine. Vue par devant, l'épine du nez doit être large et presque parallèle des deux côtés; mais il faut que cette largeur soit un peu plus sensible vers le milieu. Le bout ou la pomme du nez ne sera ni dure ni charnue. De face, il faut que les ailes du nez se présentent distinctement. Dans le profil, le bas du nez n'aura qu'un tiers de sa longueur.

Nombre de gens d'un grand mérite ont le nez difforme, mais il faut bien se rendre compte de leur genre de mérite. Un petit nez, échancré en profil, n'empêche pas d'avoir un certain talent bourgeois, mais il est un obstacle à tout génie. Des nez qui se courbent au haut de la racine dénotent des caractères impérieux.

Un nez dont l'épine est large, qu'il soit droit ou courbé, annonce toujours des facultés supérieures. La racine petite est le signe certain d'un esprit timide, incapable de hasarder la moindre entreprise. Lorsque les ailes du nez sont bien dégagées, bien mobiles, elles dénotent une grande délicatesse de sentiment, qui peut aisément dégénérer en sensualité.

Lorsqu'on ne rencontre point une espèce d'enfoncement dans le passage du front au nez, à moins que le nez ne soit fortement recourbé, il ne faut espérer découvrir le moindre caractère de noblesse et de grandeur.

Les hommes dont le nez penche extrêmement vers la bouche ne sont jamais ni vraiment bons, ni vraiment gais, ni grands, ni nobles : leur pensée s'attache toujours aux choses de la terre ; ils sont réservés, froids, insensibles, peu communicatifs.

Si les nez de ce genre sont courbés du haut, c'est par surcroît l'indice d'un penchant épouvantable pour la volupté. Un nez sans caractère frappant, sans nuance, sans inflexions, sans ondulations, sans aucun linéament expressif, peut bien être le nez d'un homme honnête, raisonnable, même aussi d'un caractère assez noble ; mais ce ne sera jamais celui d'un homme supérieur ou très distingué. Les narines serrées et minces dénotent un homme d'un tempérament froid et dédaigneux.

Un nez rouge, surtout à la pomme, annonce un ivrogne, un naturel grossier et porté à la débauche.

Les joues.

Des joues charnues indiquent en général un tempérament sensuel. Maigres et rétrécies, elles annoncent la sécheresse des humeurs et la privation des jouissances. Le chagrin les creuse ; la rudesse et la bêtise leur impriment des sillons grossiers ; la sagesse et la finesse de l'esprit les entrecoupent de traces légères et doucement ondulées.

Certains enfoncements, plus ou moins triangulaires, qui se remarquent quelquefois dans les joues, sont le signe infaillible de l'envie et de la jalousie. Si, sur la joue qui sourit, on voit se former trois lignes parallèles et circulaires, on peut compter sur un fond de folie.

Les oreilles.

L'oreille, aussi bien et peut-être plus que les autres parties du corps humain, a sa signification déterminée. Quand le bout de l'oreille est dégagé, c'est un bon augure pour les facultés intellectuelles. Les oreilles larges et dépliées annoncent l'effronterie, la vanité, la faiblesse du jugement.

Les oreilles grandes et grosses marquent un homme simple, grossier, stupide. Les oreilles petites dénotent la timidité. Les oreilles trop repliées et entourées d'un bourrelet mal dessiné, n'annoncent rien de bon quant à l'esprit et aux talents. Une oreille moyenne, d'un contour bien arrondi, ni trop épaisse, ni trop mince, ne se trouve guère que chez des personnes spirituelles, judicieuses, sages et distinguées.

La bouche.

La bouche est l'interprète de l'esprit et du cœur. Elle est éloquente jusque dans son silence. On remarque un parfait rapport entre les lèvres et le naturel. De grosses lèvres bien prononcées, bien proportionnées, qui présentent des deux côtés la ligne du milieu également bien serpentée, de telles lèvres sont incompatibles avec la bassesse ; elles répugnent aussi à la fausseté et à la méchanceté; et tout au plus, on pourrait leur reprocher un peu de penchant à la volupté.

Une bouche resserrée, dont la fente court en ligne droite et où le bord des lèvres ne paraît pas, est l'indice certain du sang-froid, d'un esprit appliqué, ami de l'ordre, de l'exactitude de la propreté. Si elle remonte en même temps aux deux extrémités, elle suppose un fonds d'affectation, de prétention et de vanité ; peut-être aussi un peu de malice, le résultat ordinaire de la frivolité.

Une lèvre de dessus, qui déborde un peu, est la marque distinctive de la bonté. Une lèvre inférieure qui se creuse au milieu n'appartient qu'aux esprits enjoués.

Regardez attentivement un homme gai, dans le moment où il va produire une saillie, le centre de sa lèvre ne manquera jamais de se creuser un peu.

Une bouche bien close, si toutefois elle n'est pas affectée et pointue, annonce le courage.

La bouche, dit Le Brun, dans son *Traité des*

passions, est la partie qui, de tout le visage, marque plus particulièrement les mouvements du cœur. Lorsqu'il se plaint, la bouche s'abaisse par les côtés ; lorsqu'il est content, les coins de la bouche s'élèvent en haut ; lorsqu'il a de l'aversion, la bouche se pousse en avant et s'élève par le milieu. Toute bouche qui a deux fois la largeur de l'œil, est la bouche d'un sot.

Si la lèvre inférieure, avec les dents, dépasse horizontalement la moitié de la largeur de la bouche, vue de profil, comptez sur un des quatre caractères, isolés, ou réunis, bêtise, rudesse, avarice, malignité.

Une bouche, pour ainsi dire, sans lèvres, dont la ligne du milieu est fortement tracée, qui se retire vers le haut, aux deux extrémités, et dont la lèvre supérieure, vue de profil, paraît arquée; une pareille bouche ne se voit guère qu'à des gens rusés, actifs, industrieux, froids, durs, flatteurs et polis, mais atterrants dans leur refus.

Une petite bouche, étroite, sous de petites narines, et un front elliptique, est toujours peureuse, timide à l'excès, d'une vanité puérile et s'énonce avec difficulté. S'il se joint à cette bouche de grands yeux saillants, troubles, un menton osseux, oblong, et surtout si la bouche se tient habituellement ouverte, soyez sûr de l'imbécillité d'un pareil être.

Tout visage dont la partie inférieure, à compter du nez, est divisé en deux parties égales par la bouche est stupide. Quant au visage dont la partie inférieure, à partir du nez, a moins du tiers de la longueur totale du visage, il n'est pas bête, il est fou. Il est bête encore, le visage dont la partie solide inférieure est sensiblement plus longue qu'une des deux parties supérieures.

Les dents.

Les dents blanches, propres et bien arrangées, qui, au moment où la bouche s'ouvre, paraissent s'avancer sans déborder, et qui ne se montrent pas toujours entièrement à découvert, annoncent dans l'homme fait un esprit doux et poli, un cœur bon et honnête. Ce n'est pas qu'on ne puisse avoir un caractère très estimable avec des dents gâtées, laides ou inégales; mais ce dérangement physique provient, la plupart du temps, de maladie ou de quelque mélange d'imperfection morale. Celui qui n'a pas soin de ses dents, qui ne tâche pas du moins de les entretenir en bon état, trahit déjà, par cette seule négligence, des sentiments peu nobles.

Celui qui a les dents inégales est envieux. Les dents grosses, larges et fortes, promettent une longue vie.

Le menton.

Le menton ne doit être ni pointu, ni creux, mais uni. Un menton avancé annonce toujours quelque chose de positif, un menton reculé dénote un manque de caractère. Souvent le caractère d'énergie ou de non-énergie d'un individu se manifeste uniquement par le menton.

Il y a trois principales sortes de mentons : les mentons qui reculent, ceux qui, dans le profil, sont en perpendicularité avec la lèvre inférieure, et ceux qui débordent la lèvre d'en bas, ou en d'autres termes, les mentons pointus. Le menton reculé fait toujours soupçonner quelque côté faible. Les mentons de la seconde classe inspirent la confiance. Ceux de la troisième classe dénotent un esprit actif et délié, pourvu qu'ils ne fassent pas anse, car cette forme exagérée conduit ordinairement à la pusillanimité et à l'avarice.

Une forte incision au milieu du menton semble indiquer un homme judicieux, rassis et résolu, à moins que ce trait ne soit démenti par d'autres traits contradictoires.

Un menton pointu passe ordinairement pour le signe de la ruse. Cependant on trouve cette forme chez les personnes les plus honnêtes; la ruse n'est alors qu'une bonté raffinée.

Un menton mou, charnu, à double étage, est la plupart du temps la marque et l'effet de la sensualité.

Les mentons plats supposent la froideur et la sécheresse du tempérament. Les mentons petits dénotent la timidité, l'indépendance de l'esprit. Les mentons ronds, avec la fossette, peuvent être regardés comme le gage de la bonté. Un menton dont la partie osseuse est longue, large et lourde, ne se voit guère que chez des hommes grossiers, durs, orgueilleux et violents.

Le cou.

Cet entre-deux de la tête et de la poitrine, qui tient de l'une et de l'autre, est significatif comme toutes les autres parties du corps humain. On connaît certaines espèces de goitres, qui sont le signe infaillible de la stupidité, tandis qu'un cou bien proportionné est une très bonne recommandation pour la solidité du caractère. Le cou long et la tête haute sont quelquefois le signe de l'orgueil et de la vanité. Un cou épais et un peu court s'associe rarement à la tête d'un fat et d'un sot. Le cou trop long est un cou d'imbécile.

Les épaules.

Tout le monde sait que les épaules larges, qui descendent insensiblement et qui ne remontent pas, sont un signe de santé et de force.

Les épaules étroites ou qui remontent dénotent une mauvaise constitution de l'organisme en général.

La poitrine.

Une poitrine large et carrée, ni trop convexe ni trop concave, suppose toujours des épaules bien constituées, et fournit les mêmes indices. Une poitrine plate et, pour ainsi dire, creuse, dénote la faiblesse du tempérament. Chez les hommes, une poitrine excessivement velue annonce du penchant à la volupté.

Le ventre.

Un ventre gros et proéminent incline bien plus à la sensualité et à la paresse qu'un ventre plat et rétréci. On doit attendre plus d'énergie et d'activité, plus de flexibilité d'esprit et de finesse, d'un tempérament sec, que d'un corps surchargé d'embonpoint. Il se trouve cependant des gens d'une taille effilée, qui sont lents et paresseux, mais alors le caractère de leur indolence reparaît dans le bas du visage.

Les cuisses.

Les gens d'un mérite supérieur ont ordinairement les cuisses maigres. Des cuisses courtes, épaisses et excessivement grasses n'annoncent pas un naturel élevé.

Les pieds plats s'associent rarement avec le génie et la dignité du caractère.

Indices divers.

C'est un indice de stupidité que des yeux distants l'un de l'autre plus que de la largeur d'un œil. De petits yeux mats, mal dessinés, le regard toujours aux aguets, le teint plombé, des cheveux noirs, plats, un nez retroussé, sous un front spirituel et bien fait, la lèvre inférieure fort relevée et fort saillante, forment une réunion de traits que vous ne trouverez guère que chez un sophiste méchant, tracassier, rusé, fourbe, intrigant, soupçonneux et vil.

Plus le front est élevé, plus les autres parties du visage, comparées au front, paraissent petites; plus la voûte de ce front est noueuse, plus l'œil est enfoncé, moins on aperçoit d'enfoncement entre le nez et le front, plus la bouche est fermée et le menton large, plus vous aurez un homme opiniâtre, dur et égoïste.

Des joues bouffies et fanées, une bouche grande et spongieuse, des lentilles rousses au visage, des cheveux plats, des plis confus et entrecoupés au front, des yeux qui ne s'arrêtent jamais sur un point, un crâne qui s'abaisse rapidement vers le front, tous ces caractère réunis composent le *vaurien*.

Des fronts perpendiculaires, noueux ou très hauts, ou très courts, des petits nez pointus, ou grossièrement arrondis avec de larges narines, des traits, des joues ou un nez fortement prononcés, aigus, longs, les dents de la mâchoire inférieure s'avançant considérablement sur les dents de la mâchoire supérieure, tous ces traits réunis sont l'indice d'un caractère dur.

Fuyez les hommes aux grands yeux dans de petits visages, avec de petits nez, et de petites tailles ; à travers leur rire on aperçoit qu'ils ne sont ni gais ni contents, et que la franchise leur est inconnue.

Une femme avec la rainure du nez très enfoncée, beaucoup de gorge, la dent canine un peu saillante, quelque laide quelle soit, n'en aura pas moins pour le vulgaire des libertins, des hommes voluptueux, un attrait plus puissant qu'une femme vraiment belle.

Les verrues.

Des femmes avec des verrues brunes, velues, ou à poil fort au menton ou au cou, sont ordinairement de bonnes ménagères, vigilantes, actives, mais d'un tempérament sanguin, amoureuses jusqu'à la rage; elles jasent beaucoup et sont souvent très importunes.

On ne trouve guère au menton d'un homme vraiment sage, d'un caractère noble et calme, une de ces verrues larges et brunes que l'on voit souvent aux hommes d'une imbécillité marquée; mais si, par hasard, vous en trouviez une pareille à un homme d'esprit, vous découvririez bientôt que cet homme a de fréquentes absences, des moments d'une stupidité complète, d'une faiblesse incroyable.

Des hommes aimables et de beaucoup d'esprit peuvent avoir, au front ou entre les sourcils, des verrues qui, n'étant ni fort brunes, ni fort grandes, n'ont rien de choquant, n'indiquent rien de fâcheux; mais si vous trouvez une verrue forte, foncée, velue à la lèvre supérieure d'un homme, soyez sûr qu'il manque de quelque qualité essentielle, ou qu'il se distinguera par quelque défaut capital.

Les mains.

La main est presque toujours un indice sûr du caractère et de la valeur morale d'un homme.

En général, une grosse main indique un esprit borné, à moins que les doigts n'en soient allongés.

Une main potelée, avec des doigts fuselés et des ongles en amande, n'annoncent pas un esprit très étendu.

Lorsque les doigts de la main ne peuvent se redresser en arrière, qu'ils demeurent rentrés dans la main, c'est un caractère non équivoque de fourberie et de duplicité. L'homme loyal ouvre largement la main et, dans ce mouvement, elle se recourbe un peu en arrière.

Des doigts aussi gros aux extrémités qu'à la racine, n'annoncent rien de mauvais. Des doigts plus gros à la jointure du milieu qu'à la racine n'annoncent rien de bon.

Les ongles plats et courts ne sont pas l'indice d'une nature très noble, mais lorsque la tête de l'individu est belle et puissante, la forme carrée des ongles perd sa signification; elle devient au contraire un indice d'indépendance dans le caractère et même d'un peu de sauvagerie.

Les doigts pointus indiquent l'imagination : les rêveurs, les poètes, les inventeurs de systèmes métaphysiques ont les doigts pointus.

Les hommes à doigts lisses, sont impressionnables, intuitifs : ils jugent à première vue. Chez les hommes à doigts noueux, on remarque la réflexion, l'aptitude aux chiffres, aux sciences exactes, etc.

Le doigt carré c'est la raison.

Les doigts en spatule, c'est l'activité, la persévérance, la lutte quand même.

L'homme qui a une grande volonté a la première phalange longue et épaisse. Si la seconde phalange est courte, cela dénote peu de logique.

Lorsque la première phalange du pouce est courte, la volonté est nulle.

Ressemblance avec les animaux.

Ceux qui ressemblent au singe sont habiles, actifs, adroits, rusés, malins et quelquefois méchants.

La ressemblance du cheval donne le courage et la noblesse de l'âme.

Un homme qui, par le nez et le front, ressemblerait au profil du lion, ne serait certainement pas un homme ordinaire.

La ressemblance avec le cochon annonce un naturel bestial.

En un mot, lorsqu'on trouve chez l'homme une ressemblance avec un animal quelconque, on peut dire qu'il y a dans le caractère de cet homme quelque chose du caractère de l'animal auquel il ressemble.

Faut-il dire encore que la silhouette d'une personne sert encore mieux à peindre un individu que tout ce qui vient d'être dit. Mais ce serait sortir de notre cadre que de nous étendre sur ce sujet. Les dessins en noir, dits *ombres chinoises*, lorsqu'ils sont exécutés par un *artiste*, sont tout ce qu'il y a de plus suggestif dans l'art du dessin.

LES ONGLES

Les ongles.

Dans plusieurs provinces de la Russie, lorsqu'on se coupe les ongles aux doigts de la main ou du pied, si on les jette à terre, le Diable les ramasse et prend un grand empire sur l'imprudent qui a commis cette faute. Cependant, si l'on fait le signe de la croix sur les rognures avant de les jeter à terre, le Diable ne peut s'en servir.

Chez les Arabes, comme chez les Juifs d'Algérie, il est du plus mauvais goût de rogner ou de couper les ongles avec les dents. On doit les couper sans jeter les rognures à terre, on les enterre soigneusement ou on les jette au feu.

Il était défendu aux Romains, du moins, lorsqu'ils étaient sur un vaisseau, de se couper les ongles ou les cheveux à moins que le vent ne fût irrité contre la mer.

Le capitaine Binger rapporte, dans le *Bulletin de la Société de Géographie*, 1889, page 343, que dans l'Afrique Occidentale les barbiers ambulants et les pédicures-manicures se rencontrent en grande abondance. Cette dernière profession est exercée par des gamins qui, à l'aide d'une méchante paire de ciseaux, fabriqués dans le pays, coupent les ongles des pieds et des mains pour un prix qui représente à peu près un centime de notre monnaie, par individu. L'opération terminée, le pédicure remet au client les rognures des ongles que ce dernier a soin d'enterrer précieusement dans un petit trou.

Chez nous, grand nombre de personnes sages ou superstitieuses s'accordent à dire qu'il ne faut pas se couper les ongles un jour de la semaine dans lequel se trouve la lettre R (mardi, mercredi, vendredi).

Manquer à cette prescription serait s'exposer à avoir des *envies* sur les doigts. (On appelle *envies* les petits filets qui se lèvent sur la peau autour des ongles et causent une douleur peu aiguë mais très agaçante.)

Les Juifs modernes qui exécutent ponctuellement les préceptes de leur religion se gardent bien, lorsqu'ils se coupent les ongles, d'en jeter les rognures à terre. C'est, en effet, une obligation pour eux de détruire tout ce qui provient de leur corps. Si leurs ongles subsistaient après leur mort, leur âme serait condamnée à errer autour de ces débris jusqu'à ce qu'ils fussent complètement décomposés. « Celui qui brûle ses rognures d'ongles est un homme pieux, dit Moïse Schuhl; celui qui les enterre fait également bien; mais celui qui les jette est un impie. « C'est un grave péché, dit encore le Talmud que de jeter ses ongles; car si une femme enceinte venait à passer dessus, cela pourrait lui occasionner un accouchement prématuré. » Le Talmud de Babylone, de son côté, défend de laisser sur le sol des rognures d'ongles, « de peur que des femmes enceintes ne passent dessus et n'avortent ». Il veut que les ongles soient taillés le vendredi, mais jamais le jeudi.

Ces prescriptions sont encore rigoureusement observées par les Juifs orientaux, qui cachent leurs rognures d'ongles dans les fentes des murs.

5.

Dans le Brandebourg, on deviendrait voleur si l'on se coupait les ongles le dimanche.

En Poméranie, on serait malchanceux pendant toute la semaine si l'on se coupait les ongles le lundi.

Dans la Basse-Lusace, les taches blanches sur les ongles s'appellent *fleurs d'amour. Autant de fleurs, autant d'amantes*, dit-on des jeunes gens.

En Vendée, si l'on coupait les ongles d'un enfant avant qu'il eût atteint l'âge d'un an, on lui couperait en même temps l'esprit pour tout le reste de sa vie.

Ne coupez pas les ongles à vos enfants avant qu'ils aient sept ans, si vous ne voulez pas leur rogner l'esprit (Saintonge.)

Couper les ongles aux tout petits enfants serait les empêcher de parler de bonne heure (Deux-Sèvres).

Les enfants qui ne sont pas encore sevrés et auxquels on coupe les ongles deviennent voleurs (Tarn, Aude, Morvan).

En Suisse, on rogne les ongles des jeunes enfants avec les dents; si on les coupait avec du fer, l'enfant deviendrait voleur.

Dans beaucoup d'endroits, lorsque les ongles

fleurissent, c'est-à-dire se couvrent de petites taches blanches, c'est le présage d'un cadeau.

Enfin faut-il dire encore que les menteurs ont presque toujours les ongles fleuris ? Il y a exception cependant pour les dentistes, les politiciens, les avocats et les nourrices ; ces dernières sont pardonnées pour les charmants mensonges qui amusent tant les enfants. Quant aux dentistes, aux politiciens et aux avocats, leur bouche sera flétrie, la forme en deviendra disgracieuse et ils porteront des cornes.... dans l'autre monde.

En Andalousie, pour qu'un enfant devienne bon chanteur il faut avoir soin de lui couper les ongles derrière la porte de l'habitation.

Dans ce même pays, pour qu'un enfant ne souffre pas des dents, il faut lui tailler les ongles le lundi.

En Portugal, il est très mauvais de se tailler les ongles des pieds la nuit, assis dans le lit, parce que cela fait partir la Fortune.

Dans l'Oldenbourg, c'est le vendredi qu'il faut se couper les ongles et les cheveux, autrement ils repousseraient pour le *chagrin*.

En Poméranie, on n'a pas de chance toute la

semaine si l'on se coupe les ongles le lundi.

Coupez les ongles d'un mort sans être vu, glissez-les dans vos bottes vous et, si vous allez à la foire, vous aurez la chance.

SUPERSTITIONS

RELATIVES AU MARIAGE

SUPERSTITIONS
RELATIVES AU MARIAGE

Dans le département de Saône-et-Loire, les jeunes filles qui veulent savoir qui elles épouseront doivent, le dernier jour de février, se mettre, à minuit, sur le seuil de la porte et prononcer les paroles suivantes :

> Adieu février ! bonjour mars ;
> Fais-moi voir en mon dormant,
> Qui j'épouserai en mon vivant !

Après ces paroles, il ne faut parler à âme qui vive, et l'on est sûr de voir en songe la personne que l'on aura pour époux.

Dans le département de l'Yonne, c'est à la lune que la candidate s'adresse. Elle doit dire trois fois de suite en regardant cet astre, et avant de se mettre au lit :

> Salut beau croissant,
> Fais-moi voir en rêvant
> Qui j'aurai dans mon vivant.

Dans le département d'Ille-et-Vilaine, lorsqu'une jeune fille veut voir en rêve le jeune homme qu'elle doit épouser, elle met, la nuit de Noël, trois feuilles de laurier sous son oreiller et dit en se couchant :

> Gaspard,
> Balthazar,
> Melchior
> Dites-moi en dormant
> Qui j'aurai de mon vivant.

A Rome, la curiosité des jeunes filles qui désirent se marier est moins exigeante ; elles ne demandent pas à voir la personne qu'elles épouseront, il leur suffit de savoir si cette personne se présentera dans le courant de l'année ou s'il faudra attendre au delà.

L'Epiphanie est aussi la fête des jeunes filles. Ce soir-là, toutes les jolies Romaines ne manquent pas de jeter leur petit soulier dans l'escalier : si l'escarpin s'arrête la pointe en l'air, hélas ! il faudra attendre jusqu'à l'année suivante avant que le mari tant rêvé se présente. Mais si c'est le talon qui se fait voir, il n'y a plus qu'à compter les mois et les jours avant la cérémonie. Pour cela la fiancée de demain remonte bien vite chez elle. Sur la table on dispose une douzaine d'assiettes renversées, sous l'une desquelles, en cachette, petite mère va mettre un marron, puis la jeune fille choisit dans la douzaine, et selon qu'elle désigne du doigt l'assiette au marron ou une autre qui en est plus ou moins rapprochée, elle se mariera dans le courant de janvier même, ou dans un autre mois plus ou moins éloigné, selon que la candidate au mariage aura désigné une assiette se rapprochant plus ou moins de celle qui cachait le marron.

En Russie, les jeunes filles, curieuses de savoir si elles se marieront dans l'année, forment un cercle, et chacune répand devant soi une pincée de grains d'avoine. Cela fait, une femme placée au centre, et tenant un coq enveloppé, tourne plusieurs fois sur elle-même en fermant les yeux, et lâche l'animal qu'on a eu soin d'affamer; il ne manque pas d'aller picoter le grain. Celle dont l'avoine a été la première entamée, peut compter sur un prochain mariage. Plus le coq y met d'avidité, et plus promptement l'union pronostiquée doit se conclure.

Mais s'il est naturel à une jeune fille de désirer savoir quand elle se mariera, il ne l'est pas moins qu'elle souhaite de connaître celui que le sort lui destine pour époux. Le moyen suivant satisfait sa curiosité. Elle se rend à minuit dans une chambre écartée, où sont préparés deux miroirs placés parallèlement vis-à-vis l'un de l'autre, et éclairés par deux flambeaux. Elle s'assied, et prononce trois fois ces mots (les Russes supposent au nombre trois une vertu particulière) : « Que celui qui sera mon époux m'apparaisse. » Après quoi elle porte ses regards sur l'un des miroirs, et la réflexion lui présente une longue suite de glaces; sa vue doit se fixer sur un espace éloigné et plus obscur, où l'on prétend que se fait l'apparition. On se sert du même moyen pour savoir ce que font les personnes absentes.

Ceux qui désirent apprendre si une jeune fille se mariera bientôt, font un treillage en forme de pont, avec de petites branches entrelacées, et le mettent sous son chevet, sans qu'elle s'en aperçoive. Le lendemain on lui demande ce qu'elle a vu en songe, et si elle raconte avoir passé un pont avec un jeune homme, c'est un signe infaillible qu'elle lui sera unie la même année.

Enfin le *Petit Albert* nous apprend que les filles ou veuves obtiennent le même résultat, en liant une branche de peuplier avec leurs chausses sous leur chevet, et après s'être frotté les tempes, avant de dormir, d'un peu de sang de huppe.

On sait aussi que les époux qui mangent ou boivent avant la célébration du mariage font des enfants muets.

Dans le département des Vosges une jeune fille qui désire voir en songe celui qu'elle épousera doit, la veille de la Saint-André (30 novembre), manger en se couchant une pomme et dire :

> Saint André faites-moi voir
> Celui que je dois avoir.

Dans ce même département, une jeune fille qui marche sur la queue d'un chat doit perdre tout espoir d'être mariée dans l'année.

La jeune fille qui met la première épingle à la toilette d'une mariée est certaine de se marier elle-même dans le courant de l'année.

Celui des deux époux qui se lève le premier après avoir reçu la bénédiction nuptiale, sera le maître dans son ménage.

En Basse-Bretagne, les épingles qui ont servi à la toilette de mariage d'une jeune fille sont très recherchées par celles qui sont pressées d'entrer en ménage. Veulent-elles savoir si leur attente se prolongera au delà d'une année, elles se rendent à une fontaine et consultent le destin de la façon suivante : elles détachent de leur corsage l'épingle qu'elles ont pu se procurer et qui provient de la toilette de la jeune mariée et elles la déposent avec de grandes précautions à la surface de l'eau. Si l'épingle surnage un instant, victoire ; mais si elle s'enfonce aussitôt, point de mariage à espérer avant longtemps.

Quand une ronce s'accroche à la robe d'une femme, c'est signe que les galants ne sont pas loin, et que celle-ci, s'il s'agit d'une jeune fille ou d'une veuve, se mariera dans l'année. Qu'elle se marie ou ne se marie pas, l'accroc d'une ronce est toujours pour une femme l'indice qu'elle sera de noce prochainement.

A celui qui boit le dernier verre d'une bouteille et se trouve en ce moment, assis ou debout, sous une poutre, on dit, s'il est célibataire, qu'il se mariera dans l'année.

Voulez-vous connaître le degré d'affection que vous porte la jeune fille que vous recherchez en mariage, cueillez une tête de pissenlit en graine et soufflez dessus. Si, du premier coup, toutes les graines s'envolent, votre mie raffole de vous; s'il en reste quelques-unes seulement, vous avez une bonne part de sa tendresse ; s'il ne s'en détache qu'une petite quantité, vous lui êtes indifférent.

Il y a dans le Finistère une fontaine qui indique à tout fiancé si celle qu'il a choisie pour compagne a gardé son innocence. Pour découvrir ce secret, il suffit de dérober à la bien-aimée l'épingle qu'elle porte le plus près de son cœur et de l'étendre sur l'eau avec les plus grandes précautions. Si l'épingle flotte un instant, la jeune fille est vierge; si l'épingle coule de suite au fond de la fontaine, elle n'a plus droit à la couronne de fleurs d'oranger.

Un autre moyen d'acquérir la même certitude consiste à présenter à la jeune personne une chandelle allumée (non pas une *bougie* mais bien une véritable *chandelle* de suif avec une grosse mèche en coton qui a la propriété de brûler encore alors même qu'elle ne flambe plus); si la jeune fille en soufflant dessus parvient à l'éteindre du premier coup et réussit à la rallumer de la même façon, c'est-à-dire en soufflant une seule fois dessus, l'épreuve est décisive, le fiancé peut avoir pleine confiance et bannir toute inquiétude.

S'il y a beaucoup de noisettes l'année de votre mariage, vous pouvez être certain d'avoir beaucoup d'enfants. Mais gardez-vous bien de vous marier au mois de mai si vous voulez éviter les querelles de ménage.

Aimez-vous les chats? Vous pouvez être assuré que votre femme sera facile à détourner de ses devoirs.

Remarquez bien la lumière des cierges pendant la cérémonie de votre mariage. Est-elle éclatante? c'est un présage de bonne harmonie dans votre ménage; mais si elle est vacillante et terne, la discorde régnera entre vous.

Celui des époux dont le cierge, pendant la même cérémonie, a la flamme la plus vive et la plus longue, est celui qui enterrera l'autre.

Si le cierge de l'un des mariés vient à s'éteindre pendant la même messe, il peut être assuré de mourir dans le courant de l'année.

Jeune fiancée, si tu ne veux pas être l'esclave soumise et résignée de ton époux, mais si au contraire tu tiens à porter la culotte dans le ménage, souviens-toi, lorsque ton mari te passera au doigt l'anneau nuptial, de plier la phalange, de manière que le dit anneau n'aille pas prendre la place accoutumée sans s'être quelque temps arrêté en route.

Femme ou veuve, si tu perds ta bague de mariage, tu peux t'attendre à de grands malheurs.

Si une jeune fille ou une veuve veut se marier, elle n'a qu'à adresser à Saint Nicolas la prière suivante :

« Saint Nicolas, qui mariez les filles, ne m'oubliez pas. »

En récitant trois fois cette prière, le jour de la fête de ce Saint (6 décembre), elle peut être assurée que ses vœux seront très prochainement accomplis.

Quand une jeune fille voit passer, le soir, une bande de corneilles au-dessus de sa tête, elle peut accepter le mariage qu'on lui propose avec la certitude qu'elle sera parfaitement heureuse.

Dans certaines localités de la Suisse, le jour des noces, après le festin et les danses, une femme vêtue de jaune demande à la jeune mariée sa couronne virginale qu'elle brûle en cérémonie.

Le pétillement du feu est, dit-on, de mauvais augure pour les nouveaux mariés.

En Angleterre, les anneaux ont une propriété merveilleuse. Les jeunes misses qui peuvent se procurer une *alliance* n'ont qu'à la mettre sous leur traversin, et elles voient en rêve le mari qui leur est destiné !

Dans beaucoup de localités allemandes, lorsqu'une jeune fille ou une veuve veut savoir comment s'appelle celui qu'elle épousera, elle n'a qu'à donner un sou au premier pauvre qu'elle rencontrera le Jour de l'An et à lui demander son nom.

Quand, chez une jeune fille, le jupon de dessous dépasse la jupe de dessus, c'est le signe que cette jeune fille ne se mariera pas de longtemps.

Si c'est dans la toilette d'une femme que le fait se produit, c'est signe que son mari commence à se détacher d'elle.

Si une femme ou une jeune fille perd sa jarretière, c'est signe que son mari ou son amant lui fait des infidélités.

Litanies des filles qui veulent un mari.

Kyrie,
Je voudrais,
Christe,
Etre mariée,
Kyrie,
Je prie tous les Saints,
Christe,
Que ce soit demain.

Sainte Marie,
Tout le monde se marie.
Saint Joseph,
Que vous ai-je fait?
Saint Nicolas,
Ne m'oubliez pas.
Saint Merry,
Que j'aie un bon mari.
Saint Barthélémi,
Qu'il soit joli.
Saint Mathieu,
Qu'il craigne Dieu.

Saint Jean,
Qu'il m'aime tendrement.
Saint Brice,
Qu'il aime à rire.
Saint Michel,
Qu'il me soit fidèle,
Saint André,
Qu'il soit à mon gré.
Saint Didier,
Qu'il aime à travailler.
Saint Honoré,
Qu'il n'aime pas à jouer.
Saint Séverin,
Qu'il n'aime pas le vin.
Saint Clément,
Qu'il soit diligent.
Saint Nicaise,
Que je sois à mon aise.
Sainte Rose,
Qu'il me donne un carrosse.
Saint Boniface,
Que mon mariage se fasse.
Saint Augustin,
Dès demain.

Litanies des garçons qui veulent une femme.

Sainte Marie,
Tout le monde se marie.
Saint Joseph,
Que mon mariage soit fait.

Saint Leu,
A la volonté de Dieu.
Sainte Jeanne,
Que j'aie une bonne femme,
Sainte Christine.
Qu'elle ne soit pas mutine.
Sainte Reine.
Qu'elle ne soit pas mondaine.
Sainte Cécile,
Qu'elle soit vive.
Sainte Madeleine,
Qu'elle m'aime.
Saint Hilaire,
Qu'elle n'ait pas de gloire (*Vanité*).
Saint Mathieu,
Pour l'amour de Dieu.

SUPERSTITIONS

RELATIVES AUX ENFANTS

SUPERSTITIONS
RELATIVES AUX ENFANTS

Dans certaines provinces, notamment en Lorraine, pour avoir de beaux enfants, ayant le teint clair et les yeux noirs, il faut que la mère, pendant sa grossesse, prenne de temps à autre un verre de kirsch ou de bonne eau-de-vie.

L'enfant qui vient au monde entre onze heures et minuit ne sera jamais au nombre des heureux de la terre.

L'enfant qui, dès son bas âge, est doué de beaucoup d'esprit naturel et paraît un petit prodige, est destiné à mourir jeune.

Les bâtards sont généralement heureux dans les provinces de l'Est, — à ce que disent les légendes. — N'en serait-il point de même ailleurs?

En tout temps et en tout pays, lorsqu'une femme met au monde un enfant difforme, contrefait, un *monstre*, c'est certainement un fort mauvais présage. Les gens qui savent le latin, vous diront que le mot même l'indique, car *monstrare* veut dire *présager*.

On raconte des histoires d'accouchements extraordinaires; mais quelque fertile que puisse être l'imagination des narrateurs, ils n'arrivent pas à surpasser la réalité. Il s'est même formé toute une catégorie de savants qui s'intitulent TÉRATOLOGISTES. Pour comprendre il faut savoir le grec. *Téras* veut dire monstre. Les tératologistes donc étudient les monstres. Mais les simples amateurs ont pu voir dans les musées et même tout bonnement dans les foires des femmes à deux têtes, — Rosa-Josépha, Millie-Christine, Rosa-Doddica, etc., — sans compter les femmes à barbe. Ils ont pu voir également les frères siamois, l'homme-chien. Quant à ceux que la curiosité attire dans les musées, ils connaissent le *Janiceps*, c'est-à-dire une sorte de Janus à double visage ; ils ont remarqué également ces êtres hideux qui tiennent à la fois de l'homme et de l'animal. Avant les Tératologistes qui nous ont expliqué comment se forment les monstres, on supposait simplement qu'ils avaient été engendrés par les Démons lascifs, qui prennent la forme des hommes pour avoir de coupables relations avec les femmes, ou la forme des femmes pour avoir de semblables rapports avec les hommes. Ces Démons portaient le nom d'Incubes ou de Succubes, selon qu'ils se présentaient sous des apparences masculines ou féminines.

Souvent, sans donner naissance à des êtres d'aspect repoussant, leur commerce coupable avec les humains était la cause de l'existence de ces enfants aussi monstrueux au moral que d'autres le sont au physique, enfants dont la précoce perversité et l'intelligence sont sujets d'étonnement pour ceux qui les connaissent.

Dans un grand nombre de localités françaises, dès qu'une femme reconnaît qu'elle est enceinte, elle doit au plus vite retirer de son doigt l'anneau nuptial, sous peine d'étrangler l'enfant qu'elle porte dans son sein.

Les enfants qui naissent à la nouvelle lune ont la langue mieux pendue que les autres. — Ceux qui naissent au déclin de l'astre parlent moins, mais raisonnent mieux.

Fille née sous le croissant est en toute chose précoce.

Dans quelques localités de la Cornouaille, dès qu'une femme vient d'accoucher, un des premiers soins des commères qui l'assistent est de lui retirer du doigt sa bague de mariage et de la mettre dans un verre de vin dont elles font avaler quelques gorgées au nouveau-né Ce breuvage, ainsi sanctifié, est tout puissant pour préserver l'enfant des tranchées, du mauvais vent et du mauvais œil.

Si le nouveau-né est un garçon, l'anneau nuptial de sa mère lui sera encore d'un grand secours dans une occasion solennelle, c'est-à-dire lorsqu'il tirera au sort : il n'aura qu'à le passer à l'un des doigts de sa main droite avant de la plonger dans l'urne, et il sera sûr d'avoir un bon numéro. Pour que le charme opère plus sûrement, il est indispensable que le bijou soit vierge, c'est-à-dire n'ait jamais été trempé dans l'eau.

Si une femme enceinte *porte en avant*, l'enfant dont elle accouchera sera une fille.

Les enfants qui bavent sont nés de parents qui ont assisté à la messe le jour de la publication de leur mariage.

Pour empêcher un enfant de baver, on

demande à son parrain ou à sa marraine, un sou percé ou marqué d'une croix et on le suspend au cou de cet enfant.

Dans le Poitou, une peau de taupe placée sur la *fontaine* de la tête de l'enfant facilite la pousse des dents, et prévient les convulsions.

On ne doit pas laisser s'embrasser deux enfants qui ne parlent pas encore; car il pourrait se faire qu'ils demourassent muets. Pour la même raison, on ne doit pas placer en face d'une glace un petit enfant.

En ce même pays, il ne faut pas faire passer les enfants par-dessous la table autour de laquelle sont assis des convives ou seulement une seule personne. Si ce malheur arrive, il faut avoir grand soin de repasser l'enfant par dessus cette table et, dans le même sens, par le même endroit et dans la même posture.

Passer la jambe par-dessus la tête d'un enfant, c'est l'empêcher de grandir, à moins cependant que vous n'ayez la précaution de le *rejamber*, c'est-à-dire de repasser la jambe en sens inverse.

Dans la Beauce, lorsqu'on rapporte du pain qui a été porté aux champs pour le repas des moissonneurs, comme il est plus dur que celui qui est resté dans la huche, on le donne aux enfants en leur disant que les alouettes ont chanté dessus, et ils le trouvent beaucoup meilleur.

Dans presque toute la France, il est d'usage de mettre sur la tête de l'enfant, au moment du baptême une couronne de fleurs. Cette couronne porte bonheur au nouveau-né pendant toute sa vie.

Pour qu'elle porte aussi bonheur à la mère, on l'attache, au retour de la cérémonie, au dessus de son lit; mais il convient de l'attacher très haut si l'on veut éviter une prochaine grossesse.

Certains enfants, en venant au monde ou quelque temps après leur naissance, ont la tête recouverte d'une espèce de coiffure, qui, dans le langage vulgaire, porte les noms de *coiffe*, *chapeau* ou *croûte de lait*. On la conserve avec soin, comme un gage de bonheur; et l'on dit d'un homme heureux qu'il est né *coiffé*.

Au moyen âge, les enfants qui venaient au monde avec la coiffe étaient désignés par la Providence pour rester célibataires; et, sans autre signe de vocation, on les enfermait dans des couvents.

Cette superstition, ou plutôt cette science intuitive ne reposant sur aucun principe défini, n'était cependant pas très éloignée de ce qui est aujourd'hui considéré comme la vérité. Les docteurs modernes appellent cette coiffure *impetigo*. Elle est l'indice d'un tempérament lymphatique, ou même scrofuleux, et constitue une maladie contagieuse. Le célibat est donc tout indiqué et s'impose presque à ceux qui en sont atteints, à l'égal d'une obligation sociale doublée d'un cas de conscience. Quant à la claustration, jadis en usage en pareille occurrence, c'était une précaution excessive qu'on ne saurait entièrement approuver.

Quand un enfant a le hoquet c'est signe qu'il profite.

Lorsqu'une femme enceinte considère un objet difforme, un être monstrueux, un animal horrible, l'enfant qu'elle porte dans son sein s'en ressentira. Cela s'appelle *avoir un regard* ou *prendre un regard*. Aussi doit-elle s'abstenir de visiter les ménageries, les musées forains, car elle pourrait accoucher d'un monstre.

Le cordon ombilical des enfants est pour eux un porte-bonheur, de plus il ouvre l'esprit et développe l'intelligence. Aussi certaines mères ont-elles soin de ne point perdre ce talisman ; elles le cousent dans la doublure des vêtements de leurs enfants. De là l'expression, en parlant d'un imbécile : « Il n'a jamais eu son nombril dans sa poche. »

Dans un grand nombre de provinces on choisit de préférence le Samedi-Saint à l'effet de chausser pour la première fois les petits enfants qui sont en âge de quitter le maillot. La mère, assistée de la marraine, va présenter l'enfant à l'église, et, au moment où l'on entonne le *Gloria in excelsis*, on fait essayer au petit être ses premiers pas. Il est aussi bon de faire, au même moment, tourner le bébé, en le tenant par-dessous les bras ; il sera ainsi garanti des chutes pendant tout le reste de sa vie.

Lorsqu'un enfant perd une dent, il faut bien se garder de la jeter au hasard ; en effet, si un chien venait à l'avaler, elle serait remplacée dans la bouche de l'enfant par une dent de chien. Le plus sûr moyen est de brûler la dent dans le feu de la cheminée, en disant :

> Tiens, feu, voilà ma dent,
> Rends-la moi seulement
> Blanche comme de l'argent.

Ne touchez pas avec vos doigts les gencives de votre enfant, vous seriez cause de ce que ses dents pousseraient de travers.

Il faut attendre la naissance d'un enfant avant de lui choisir un parrain et une marraine; sinon, on lui portera malheur.

Débarbouillez un enfant nouveau-né avec le premier linge qu'il aura mouillé; il aura, de la sorte, la vue perçante et le teint frais.

Si vous voulez qu'un enfant devienne inaccessible à la peur, balancez-le neuf fois, en le tenant par les bras, au-dessus d'un feu de la Saint-Jean.

Voulez-vous que votre prochain enfant soit un garçon ? Apprenez à votre dernier-né à prononcer le mot *papa* avant le mot *maman*.

Voulez-vous, au contraire, avoir une fille? Apprenez à votre dernier né à prononcer le mot *maman* avant le mot *papa*.

Quand on voit, pour la première fois, un petit enfant au sort duquel on s'intéresse, il est bon de lui mettre une pièce de monnaie dans la main afin qu'il ait de l'argent toute sa vie.

En Franche-Comté et en Bourgogne, si l'on s'aperçoit qu'un enfant apporte en naissant quelque *envie* ou tache cutanée, il faut incontinent la frotter avec le délivre pour la faire passer : on applique l'arrière-faix tout chaud sur la tache.

Dans ces mêmes provinces, quand un enfant pisse au lit, on lui fait manger des souris. Mais il paraît que ce moyen thérapeutique ne relève pas seulement de la superstition vulgaire car on lit dans un vieux dictionnaire de médecine : « *Le rat contient beaucoup de sel volatil, de phlegme et d'huile. On l'estime pour remédier à l'incontinence d'urine ; on en fait manger aux enfants qui pissent au lit.* »

Il est absolument certain que les formules thérapeutiques que l'on trouve aujourd'hui dans les vastes encyclopédies médicales paraîtront avant peu aussi désopilantes que celle-là ; en attendant elles ont l'avantage d'être inefficaces contre toutes les maladies.

Dans le Centre et l'Est de la France, si un enfant est faible des reins, on le porte au reposoir le jour de la Fête-Dieu, et on l'assied à la place où vient d'être posé le Saint-Sacrement.

Dans plusieurs provinces, et surtout dans celles du Centre, on fouette les enfants avec un brin de balai (lequel est ordinairement en bouleau ou en genêt) pour leur inculquer la sagesse. Plus ils pleurent pendant le châtiment, plus ils emmagasinent de sagesse.

Lorsqu'une chauve-souris excrète sa fiente sur la tête d'un enfant, celui-ci ne tardera pas à avoir la teigne, la pelade, ou tout au moins de violents maux de tête.

LES ANIMAUX

LES ANIMAUX

Abeilles.

Dans le département de la Somme, quand une personne vient à mourir dans la famille, il est d'usage d'attacher à chacune des ruches un morceau d'étoffe noire, en signe de deuil. Sans cette précaution, on croit que les abeilles s'en iraient pour ne plus revenir.

On croit aussi que les abeilles célèbrent la Fête-Dieu, en élevant dans leurs ruches un Saint-Sacrement en cire.

Dans le Perche, lorsque le propriétaire des ruches vient à mourir, on attache également un crêpe aux ruches. On les frappe ensuite du doigt, en disant aux abeilles : « Belles, votre maître est mort. » L'omission de cette formalité entraînerait la disparition des mouches à miel.

Dans le département des Vosges, la coutume est la même, mais on doit aussi, le jour du Vendredi-Saint, placer un rameau de buis bénit sur chaque ruche pour lui porter chance.

Dans beaucoup de localités, lorsque l'on dit du mal des abeilles, elles cessent de prospérer, ou elles quittent la ruche, ou elles périssent.

Ane.

Les Romains regardaient comme un mauvais présage la rencontre d'un âne.

Cette innocente bête a été réhabilitée depuis. Elle est même révérée par un très grand nombre de chrétiens, qui savent que la croix noire qu'elle porte sur le dos lui a été donnée en souvenir de l'ânesse de Bethphagé, qui porta Jésus-Christ à Jérusalem.

L'âne est le seul des animaux qui puisse entrer dans une église ; il y avait même autrefois une fête en son honneur, et, ce jour-là, il était admis dans le chœur.

Un âne qui n'a pas la croix est une bête du

Diable, dont la rencontre est un très fâcheux présage.

Anguille.

Quiconque aura mangé, tout chaud et sans le faire cuire, le cœur d'une anguille, sera doué de merveilleux pressentiments.

Un peau d'anguille, remplie de sable, est une arme défensive à nulle autre pareille contre les hommes et contre les animaux les plus redoutables. Les coups qu'on porte avec cette arme sont presque toujours mortels.

Animaux (*en général*).

Dans les Vosges, tuer un animal quelconque le Vendredi-Saint, porte malheur.

Il en est de même si l'on attelle, ce jour-là, des bêtes de somme avant midi.

Dans les Vosges, quand on achète un cheval,

un bœuf ou une vache, on doit leur conserver pendant quelques jours la corde qu'ils avaient au cou quand on les a achetés. Il convient aussi de leur donner un peu de sel avec la main gauche. C'est un excellent moyen de leur faire oublier leur ancien maître, et de leur ôter l'idée de retourner chez lui.

Le moyen qui consiste à leur donner un morceau de pain tourné trois fois autour de la crémaillère a aussi sa valeur.

C'est pendant la nuit du 30 avril au 1ᵉʳ mai que les sorciers jettent des sorts sur les étables, et le lait donné par une bête qui aura été ainsi ensorcelée ne produit point de beurre. Pour se préserver d'un pareil malheur, on doit donc faire sortir les animaux de l'étable le 30 avril avant la tombée de la nuit, nettoyer l'étable à fond, puis aller cueillir des ronces, du laurier et du sureau, que l'on fait brûler avec des morceaux de buis devant la porte de l'étable.

Quand tout aura été consumé on devra fixer aux murailles des branches de sureau. Ensuite on fera rentrer les animaux à reculons, et l'on fixera, au-dessus de la porte de l'étable, en demi-cercle, une ronce munie de ses racines à ses deux extrémités.

Panique du bétail. Il est de croyance dans un très grand nombre de localités que les animaux herbivores, dont l'odorat n'est cependant pas d'une excessive sensibilité, flairent de très loin la présence des loups.

Si quelqu'un fait brûler le foie d'un loup et en répand la cendre dans un lieu où des bestiaux sont rassemblés, ces animaux sont saisis d'une sorte de panique et deviennent comme enragés.

Mais ce qui est bien plus extraordinaire, c'est que si l'on monte un violon avec des cordes faites avec les boyaux d'un loup, les sons que l'on tirera de l'instrument mettront en fuite tous les troupeaux.

Si les troupeaux sont pris de panique sans qu'il y ait lieu d'en attribuer la cause à l'un des faits ci-dessus, c'est signe de guerre prochaine On raconte, à ce sujet, qu'au mois de juin 1870, le champ de foire de Saulieu (Côte-d'Or) fut un jour le théâtre d'une panique prophétique. Soudain, et sans aucun motif, les animaux prirent la fuite et coururent, affolés, dans toutes les directions, sourds à la voix des paysans et insensibles à leurs coups. Moins d'un mois plus tard, la guerre éclatait entre la France et l'Allemagne.

Il y a de ces coïncidences qui ne sont point faites pour tuer la superstition.

En Franche-Comté, il faut brûler la paille du lit sur lequel une personne est morte ; car si on employait pour faire litière cette paille sur laquelle un chrétien a rendu l'âme, tout le bétail périrait.

Dans ce même pays, un bouc assainit l'étable et préserve les animaux contre les maladies et les maléfices. Un autre préservatif contre le mauvais sort, c'est un crapaud qu'on pend par la patte dans l'écurie.

Pour que les couvées réussissent, il faut mettre du buis et du fer en croix sous les nids.

Araignée.

Araignée le matin :
 Chagrin ;
 A midi :
 Plaisir ;
 Le soir :
 Espoir.

Dans beaucoup de localités, une araignée qui court ou qui file promet de l'argent ; les uns prétendent que c'est de l'argent le matin, et le soir une nouvelle.

Quelques personnes croient aussi qu'une araignée est toujours l'avant-coureur d'une nouvelle heureuse si on a le bonheur de l'écraser.

Les toiles d'araignées sont bienfaisantes ; appliquées sur une blessure elles arrêtent le sang et empêchent la plaie de s'enflammer.

Le *Petit Albert* enseigne que l'araignée pilée et mise en cataplasme sur les tempes guérit la fièvre tierce.

Tout le monde connaît ces araignées montées sur de grandes pattes. Les naturalistes les appellent *Phalangides*, et les enfants tout simplement *Chances*.

Une phalangide, posée sur quelqu'un, signifie que cette personne aura de la chance.

Basilic.

Il est aussi parlé du basilic au mot coq. C'est un petit serpent, long de 18 pouces, qui n'a été connu que des anciens et que les Erpétologistes modernes ne décrivent point. Il avait deux ergots, une tête et une crête de coq, des ailes, une queue de serpent ordinaire, etc. Les uns disent qu'il naît de l'œuf d'un coq couvé par un serpent ou par un crapaud; d'autres prétendent qu'il est le produit de l'accouplement du crapaud et du coq, comme le mulet naît d'un âne et d'une jument.

Beaucoup de personnes croient encore aujourd'hui que les vieux coqs pondent un œuf duquel naît un serpent.

On dit que le basilic tue de ses regards. Mais si cet animal peut nous donner la mort, nous pouvons lui rendre la pareille en lui présentant la surface polie d'un miroir; les vapeurs empoisonnées qu'il lance de ses yeux iront frapper la glace et, par réflexion, lui renverront la mort qu'il cherche à donner. (V. page 136.)

Belette.

Lorsque vous entreprenez un voyage, si une belette court devant vous en vous précédant, sans chercher de suite un refuge dans une haie, dans un fossé ou dans un mur, c'est un signe certain que votre voyage sera heureux.

Mais si, au contraire, cette belette traverse la route que vous devez suivre, rentrez bien vite chez vous, car c'est un signe certain que votre voyage aurait une fâcheuse issue. Cependant si la traversée a lieu de gauche à droite, le pronostic est moins mauvais.

Bouc.

Ayez, si vous le pouvez, un bouc dans votre écurie ; sa présence préservera vos animaux du mauvais sort. Dans un grand nombre d'écuries parisiennes on peut voir, encore aujourd'hui, le bouc préservateur.

Chat.

Le chat est un animal qui de tout temps a passé pour un être mystérieux. « Les chats, dit Hérodote, 430 ans avant Jésus-Christ, sont la vivante représentation des Pénates et des Lares. Ils ressemblent aux Dieux, car ils aiment les caresses et n'en rendent jamais. Il y a en eux je ne sais quoi de céleste et de mystérieux, ils voient la nuit comme le jour; tout leur corps recèle une lumière qui apparaît la nuit lorsqu'on leur passe la main sur le dos... »

Un tel animal ne pouvait manquer d'attirer l'attention des gens superstitieux.

Dans le département des Vosges, rencontrer un chat le matin, en se mettant en voyage, est d'un mauvais augure.

Quand une jeune fille marche sur la queue d'un chat, elle doit perdre tout espoir d'être mariée dans l'année.

Si un chat noir, étranger à votre maison, vient à y entrer, un membre de votre famille mourra dans l'année.

Lorsque le chat de la maison se gratte fréquemment la tête, ou passe la patte derrière son oreille, la pluie ne tardera pas à tomber.

Ce pronostic n'a pas, comme tant d'autres, sa source dans la superstition populaire ; il était, dès la plus haute antiquité, admis par les gens de science. On dit que les Mages avaient fait cette remarque, mais certainement elle avait frappé les Égyptiens. Nos modernes savants expliquent ce fait par l'extrême sensibilité du système nerveux des chats, de telle sorte que cet animal est impressionné par la moindre perturbation atmosphérique.

Il est hors de doute aussi que les chats exercent sur certains névropathes une influence considérable. La raison de ce fait est certes inexplicable ; mais sa réalité ne peut être contestée. A preuve une maladie spéciale, un dérangement étrange des facultés, connue sous le nom de *Galéanthropie*, qui atteint certains cerveaux déséquilibrés.

Les *Galéanthropes* se croient changés en chat et, aux moments de crise, poussent des miaulements et exécutent des gambades désordonnées. Il y a toujours, à la Salpêtrière, des pensionnaires traités pour cette maladie.

Les chats assistent, dit-on, au sabbat, où ils dansent avec les sorciers. Et les maîtres ès sciences occultes affirment que le diable lui-même revêt souvent la forme d'un chat au cours de ses entreprises.

A l'exemple des anciens mages, les marins bretons tirent des avertissements de la conduite des chats. Voici quelques passages d'une rapsodie très populaire en Bretagne :

« Le chat est au bas de la maison. Avec sa patte, il fait sa toilette. Le marin doit rester chez lui ; car, sans tarder, il y aura un coup de temps.

« Le chat passe sa patte par-dessus son oreille ; c'est que bientôt le patron de la barque de pêche ne sera plus maître de l'embarcation et ne pourra plus la gouverner.

« Le chat tourne le dos au feu ; il est à peu près certain que la barque chavirera. Le chat a brûlé une partie de son poil, les marins seront engloutis par la mer.

« Le chat fait son ron-ron. La fin du mauvais temps est proche, et les marins pourront regagner le rivage. »

Il serait dangereux de tourner en ridicule devant un Turc la légende suivante :

Le chat de Mahomet s'étant un jour couché sur le pan de son manteau, y méditait profondément; mais le prophète, pressé de se rendre à la prière, et n'osant tirer le chat de son extase, coupa le pan de son vêtement. À son retour, il trouva son chat qui, revenu de son assoupissement extatique, et qui, s'apercevant de l'attention de son maître, à la vue du pan coupé, se leva pour lui faire la révérence, dressa la queue et plia le dos en arc pour lui témoigner plus de respect. Mahomet, qui comprit à merveille ce que cela signifiait, assura au chat une place dans son paradis. Ensuite, lui passant trois fois la main sur le dos, il lui imprima par cet attouchement la vertu de ne jamais tomber que sur ses pattes.

Cheval.

Dans les environs de Nantes, si l'on veut prendre quelques crins à la queue d'un cheval, il faut les couper, et jamais les arracher. Cela lui ferait *tomber la vue*.

Chèvre.

Dans les Vosges, la jeune fille qui se marie avant son aînée doit lui donner, le jour de la célébration de son mariage, une chèvre blanche. Cette chèvre est le plus souvent donnée en effigie, en carton ou en trognon de chou. Elle est apportée sur un plat avec de l'avoine et du sel.

Cigogne.

En Alsace et dans toute l'Allemagne, quand une cigogne établit son nid sur le toit ou sur la cheminée d'une maison, on peut être assuré de ne courir aucun risque d'incendie, et d'être préservé de bien d'autres événements fâcheux.

Coccinelles.

Ce coléoptère est réputé porter chance, aussi l'appelle-t-on la bête du Bon Dieu.

Cochon.

Le cochon est un porte-veine. Aussi est-il bon d'avoir toujours sur soi un petit cochon en porcelaine ou en métal. Ce talisman est recommandé aux joueurs principalement.

Coq.

Les poules, sous une influence encore inexpliquée, se mettent parfois à imiter le chant du coq, ce qu'elles font toujours d'ailleurs assez mal. C'est ce que les paysans appellent *chanter le coq*; et ils voient dans ce fait plus bizarre qu'extraordinaire un signe de mauvais augure ; c'est un présage de mort à l'adresse du propriétaire de l'animal, à moins que ce ne soit à celle des poules. On dit, en effet, d'une poule qui chante le coq qu'elle chante sa mort ou celle de son maître. On la tue et le maître est sauvé.

Un coq auquel on donne du pain bénit devient enragé, mais il voit venir le vent.

Quand le chant du coq est éclatant, c'est d'un très bon augure.

Quand on veut retrouver le cadavre d'un noyé, on doit prendre un coq le mettre dans un sac, et monter avec lui dans une barque. On se laissera aller au courant de l'eau, et quand le coq chantera ; on ne sera pas éloigné de l'endroit où se trouve le cadavre.

A l'âge de sept ans, le coq pond un œuf maudit, d'où sort le basilic (V. ce mot) ; il faut donc tuer le coq avant qu'il ait atteint l'âge de sept ans.

Il ne faut pas se mettre en voyage avant que le coq ait chanté.

Mauvais présage dans une maison, quand la poule chante avant le coq, et quand la femme y parle plus haut que le mari.

Le coq est une horloge vivante. Aussi, à une époque encore peu éloignée où l'on était obligé de payer très cher une machine chronométrique, cet animal était à bon droit regardé comme un être extraordinaire. Les gens qui font métier de deviner l'avenir ne pouvaient manquer de chercher à l'utiliser, et dès la plus haute antiquité, on pratiquait l'ALECTRYOMANIE, c'est-à-dire la divination par le moyen du coq. Remarquons à propos de ce mot que pour comprendre un certain français il faut pour le moins avoir appris la langue des Hellènes.

Les anciens donc devinaient par le coq. Voici qu'elle était la méthode la plus suivie :

On traçait sur le sable un grand cercle que l'on divisait en vingt-quatre espaces égaux, dans lesquels on figurait les lettres de l'alphabet. On plaçait ensuite au milieu du cercle un coq dressé à ce manège.

On observait avec soin sur quelles lettres il enlevait le grain; et les lettres rassemblées (souvent dans un ordre voulu) formaient un mot qui servait de réponse à ce que l'on voulait savoir.

Un poète donne des détails curieux sur les opérations des alectryomanciens. On nous permettra de le citer :

> Leur coutume est, en rendant leurs oracles,
> De se servir de coqs, et c'est, dit-on,
> De là qu'en grec est dérivé leur nom.
> D'abord ces coqs doivent être très vierges ;
> Puis dans un coin, au milieu de trois cierges,
> Est élevé, sur des pieds en sautoir,
> Comme un autel rond, plat, de marbre noir,
> Au bord duquel, dans deux circonférences,
> Sont évidés, à d'égales distances,
> Vingt-quatre creux ayant chacun devant
> De l'alphabet une lettre d'argent.
> Quand, au sorcier, arrive une pratique,
> Il prend d'abord sa baguette magique,
> Roule les yeux, et trace sans compas
> Un cercle en l'air, prononce à demi-bas
> Cinq ou six mots inconnus et qu'il forge.
> Dans chaque case il dépose un grain d'orge,
> Choisit un coq à jeun, le met debout
> Sur cet autel, bien au centre surtout.
> Du centre aux grains, dont la vue l'électrise,
> Ce coq bientôt s'avance (quoiqu'en dise
> Jean Buridan) (1), en croque deux ou trois,

1. Pour comprendre cette allusion, il faut savoir que Jean Buridan, sophiste du xıv^e siècle, soutenait qu'un âne, placé à égale distance de deux picotins d'avoine absolument semblables et agissant avec une même force sur ses organes, se laisserait

Ou plus ou moins. De ceux dont il fait choix
Le sorcier suit les lettres sans rien dire,
Puis feignant que quelque dieu l'inspire,
D'après cela débite hardiment
Une réponse. On paie grassement
Et l'on s'en va très instruit. Dans la suite,
S'il s'est trouvé menteur, il en est quitte
Pour dire aux gens qu'ils ne l'ont pas compris.
Notre devin, grand, sec, à cheveux gris,
Avait l'honneur, disait-on, de descendre,
Du côté gauche, il est vrai, de Cassandre.
Calembredain (1) était son nom. Le sort
Semblait toujours avec lui d'accord.
Il ne s'était, dit la chronique,
Jamais trompé, hors une fois unique,
Qu'un jeune gars, croyant beaucoup valoir,
Vint tout exprès le trouver pour savoir
Quel rang, un jour, il aurait dans le monde.
Le coq, posé lors sur la table ronde,
Prit sans choisir, quatre grains qu'il croqua,
Dont le devin les lettres remarqua.
Elles formaient le mot *frip*, mot barbare
Et propre à faire enrager un ignare.
Le grand docteur, maître Calembredain,
D'après ce mot, au jeune homme soudain,
Dit qu'il serait *fripon*; et notre drôle,
Se sentant né pour bien jouer ce rôle,

mourir de faim, ne pouvant jamais se déterminer à l'un plutôt qu'à l'autre. C'est une réponse ingénieuse aux philosophes qui prétendent que nos actes sont déterminés par les impulsions dominantes. Or dans l'exemple présent tous les rayons sont égaux. (*Note du poète.*)

1. C'est son nom qui a donné naissance aux *calembredaines*.

Et d'un métier si vil n'ayant nulle horreur,
Prit une étude et se fit procureur (1).

On dit aussi qu'il se forme dans l'estomac des coqs une pierre qu'on nomme *pierre alectorienne*, du nom grec de l'animal. On lui reconnaît la propriété de donner le courage et la force, ainsi que de calmer la soif.

On croyait aussi jadis que les coqs pondaient des œufs, que ces œufs étaient maudits et qu'il en sortait un serpent ou un basilic.

Chacun sait que les poules, atteintes d'une certaine maladie, pondent de très petits œufs ne renfermant qu'un peu d'albumine. Si l'on rapproche ce fait connu de cet autre qui ne l'est pas moins, que les serpents déposent souvent leurs œufs près des fumiers, et que précisément ces œufs ressemblent beaucoup aux prétendus œufs de coqs, c'est-à-dire aux œufs de poules malades, on voit immédiatement comment a pu naître l'histoire du basilic.

Dans les Vosges, les coqs qui naissent le Vendredi-Saint chantent de très bonne heure, c'est-à-dire très jeunes. Ils ont aussi le don

1. *Procureur*, dans l'ancienne basoche, et même encore aujourd'hui, est synonyme d'*avoué*.

d'annoncer les décès, ce qu'ils font en modifiant leur chant ordinaire.

Corbeau, Corneille.

Si une corneille vole devant vous, elle vous annonce un malheur futur. Si elle vole à votre droite, il s'agit d'un malheur très prochain. Si elle vole à votre gauche, vous pouvez éviter le malheur qui vous menace, si vous êtes habile et prudent. Si elle vole au-dessus de votre tête, le présage est des plus mauvais.

En Islande, le peupla considère le corbeau comme instruit de tout ce qui se passe au loin et annonçant l'avenir. Il prévoit surtout la mort dans les familles, et l'annonce par son croassement.

Coucou.

Le coucou arrive dans nos bois au commencement d'avril. Les jeunes gens ou les jeunes filles n'ont qu'à compter combien de fois aura chanté le premier coucou qu'ils entendront pour savoir dans combien d'années aura lieu leur mariage.

Si vous êtes affligé de rhumatismes, roulez-vous par terre sur la partie malade au moment où vous entendrez chanter le coucou pour la première fois de l'année, et votre mal disparaîtra.

Quand le coucou chante près d'une habitation, c'est un fort mauvais présage.

Si vous n'avez pas d'argent sur vous, la première fois qu'au printemps vous entendrez chanter le coucou, vous pouvez vous attendre à en manquer toute l'année.

Crapaud.

En Bretagne, lorsqu'on tue un crapaud, il faut avoir soin de l'*achever*, sans cela sa mort vous porterait malheur.

Grenouille.

Si vous voulez ne pas être importuné pendant tout l'été par le coassement des grenouilles, jetez dans les mares qui avoisinent votre habitation un peu de bouillon gras préparé le jour du Vendredi-Saint.

Grillon.

Le grillon, qui, pendant les longues veillées d'hiver, chante au foyer domestique, est l'ami de tous les membres de la famille. Aussi peut-on être certain que si, tout-à-coup et sans cause, il cesse de chanter, c'est que quelqu'un dans la maison est menacé d'un grand danger.

Hirondelles.

Dans presque tous les pays du monde, on se fait un scrupule de tuer les hirondelles; non point parce que ces oiseaux nous débarrassent d'une infinité de moucherons, mais parce que cela porte malheur.

Lézard.

Le lézard porte bonheur. Sa queue est un talisman merveilleux pour un joueur.

Lièvre.

Les anciens prétendaient que les lièvres naissent hermaphrodites : les docteurs juifs partagent cette opinion. La loi du Lévitique, qui défend d'en manger, est fondée sur ce que cet animal représente la lubricité par ce mélange des deux sexes.

Si des vieillards aperçoivent un lièvre traverser un grand chemin, ils ne manqueront pas d'en augurer quelque mal.

Chez les Grecs modernes, si un lièvre croise

le chemin d'une caravane, elle fera halte jusqu'à ce qu'un passant, qui ne l'a pas vu, coupe le charme en traversant la route.

Lion.

Vous n'aurez pas à redouter vos ennemis si vous ceignez vos reins avec une courroie de peau de lion.

Loup.

Il ne faut pas trop parler des loups, si on ne veut pas les attirer, c'est ce qu'exprime le proverbe : « Quand on parle du loup on en voit la queue. »

Quand on voit un loup emporter une brebis, c'est signe de malheur.

La simple rencontre de cet animal est déjà par elle-même un fâcheux présage.

En Bretagne, les bergers peuvent préserver

leurs troupeaux de la dent du loup en suspendant à leur houlette l'image de Saint Bazile.

Il n'y a guère de vieillards à la campagne qui ne vous assurent que les moutons devinent à l'odorat la présence du loup ; qu'un troupeau ne franchira jamais le lieu où l'on aura enterré quelque portion des entrailles d'un loup; qu'un violon monté avec des cordes faites avec les boyaux d'un loup mettrait en fuite tout le bercail.

Saint-Hervé, devenu aveugle, se faisait conduire par un loup. Quiconque rencontrera un loup et lui offrira du beurre pourra être certain que les animaux de sa ferme et de sa basse-cour ne seront ni mangés ni mordus par le loup.

Mouche.

« Les mouches sont souvent les messagères de la mort. » Sous cette forme, le dicton peut paraître un emprunt fait aux vieilles légendes des sorciers et des Démons. Cependant aucun pathologiste sérieux n'oserait soutenir que les mouches ne servent pas très souvent de véhicule aux maladies contagieuses.

Aussi le précepte du sage : « Garde-toi de la piqûre des mouches, de celle des vipères et de la langue des avocats, » mérite-t-il de ne pas tomber en désuétude.

Voulez-vous ne pas être incommodé par les mouches? Faites griller, le Vendredi-Saint, une sardine que vous pendrez au plafond de l'une des pièces de votre habitation.

Perdrix.

On dit qu'un malade ne peut mourir, lorsqu'il est couché sur un lit dans lequel se trouvent des plumes d'ailes de perdrix.

Pigeon.

Voulez-vous attirer dans votre colombier, soit vos pigeons qui tendent à l'abandonner, soit des pigeons étrangers? Mettez dans ce colombier le crâne d'un mort.

Si une personne est en mal de mort, videz son oreiller, de peur qu'il contienne des plumes de pigeon, qui rendraient l'agonie extrêmement longue et douloureuse.

Pivert.

La personne à laquelle on a noué l'aiguillette doit manger, à jeun, un pivert rôti assaisonné avec du sel bénit.

Renard.

Si votre basse-cour est en proie aux déprédations des renards, répandez autour de votre maison et de ses dépendances du bouillon qui aura été préparé pendant le temps de carnaval et dans lequel on aura fait cuire une andouille.

Roitelet.

En Bretagne, si l'on déniche les nids de roitelets, ça fait venir mal aux pieds des bêtes.

Taupe.

Si la taupe voyait.
Si le sourd entendait.
Si le bœuf connaissait sa force.
Il ne resterait pas un homme vivant sur la terre.

On peut voir au chapitre relatif aux enfants que la peau de taupe placée sur la fontaine de la tête d'un enfant facilite sa dentition et le préserve des convulsions. — La fontaine est la partie molle de la boîte cranienne qui ne se solidifie que quelque temps après la naissance.

Celui qui, pour une cause quelconque, a perdu la mémoire, n'a pour la récupérer, qu'à porter à son cou, un petit sac de toile contenant la langue d'une taupe.

LES VÉGÉTAUX

LES VÉGÉTAUX

Amaranthe.

Cette fleur est l'un des symboles de l'immortalité. Les couronnes que l'on fait avec l'amaranthe ont surtout la vertu d'attirer les faveurs des puissants de la terre.

Angélique.

L'angélique est un préservatif contre le mauvais sort et le mauvais œil. Un enfant qui porte suspendu à son cou un morceau d'angélique est préservé des convulsions.

Herbe aux chats.

On sait que les chats affectionnent l'odeur des plantes, qu'ils aiment à en parfumer leurs robes, aussi les trouve-t-on presque toujours couchés sur le fenil; et c'est là qu'au printemps ils déposent leur portée. Quand il y a dans les jardins une plante appelée *Germandrée* ou *Herbe aux chats*, on peut voir ces animaux se frotter contre ces plantes en ronronnant, c'est pourquoi l'on dit que la germandrée féconde les chattes.

Herbe qui égare.

Dans le Bessin et dans Seine-et-Oise, on croit à l'herbe qui égare. Quiconque marche sur cette herbe dans un bois ne peut plus retrouver son chemin.

L'herbe qui égare, aussi appelée *Herbe à la Magicienne*, est une petite plante qui affectionne les bas-fonds et que les botanistes appellent *Circea Lutetiana;* ce nom n'est pas —

tant s'en faut — une indication pour les profanes; mais les botanistes se comprennent entre eux, à ce que l'on assure.

Laurier.

D'après la croyance populaire, le laurier préserve de la foudre.

Lilas.

Celui qui trouve une branche de lilas à cinq feuilles peut s'attendre aux plus grands succès.

Nénufar.

Plante aquatique qui sert à rendre les maris insensibles. Quand un homme a bu une décoction de nénuphar, qui lui a été versée par une femme jalouse, ou pour toute autre cause, il doit boire du vin dans lequel on a fait bouillir du gingembre.

Noisettes.

Si les noisettes étaient abondantes l'année de votre mariage, vous aurez beaucoup d'enfants.

Noix.

Évitez de manger des noix : les premières sont d'or, les suivantes d'argent, et les autres de plomb.

Primeur.

Le vœu que l'on forme en mangeant une primeur, sutout si c'est le matin, se réalisera.

Trèfle.

La découverte d'une tige de trèfle à quatre feuilles, quand on ne la cherche pas, est un présage de bonheur. Si c'est une fille qui fait cette découverte, c'est signe qu'elle sera bientôt mariée.

LES MINÉRAUX

LES MINÉRAUX

Aimant.

Si un goutteux tient quelque temps dans sa main une pierre d'aimant, il ne sent plus de douleur, ou du moins il éprouve un grand soulagement. L'aimant guérit également les maux de tête.

On dit aussi que l'aimant resserre les nœuds de l'amitié paternelle et de l'union congugale.

Mais la propriété la plus extraordinaire de ce minéral est de faire connaître l'infidélité des femmes. Si on place une pierre d'aimant sous leur chevet, elles auront des inquiétudes si vives, qu'elles ne pourront demeurer au lit avec leurs époux.

L'aimant conservé dans du sel, forme un talisman qui a la propriété d'attirer l'or du puits le plus profond.

Améthyste.

Le grand prêtre juif portait autrefois un pectoral orné de douze pierres précieuses : la neuvième de ces pierres était une améthyste. C'est aussi une améthyste qui orne l'anneau des évêques — d'où le nom de *pierre d'évêque* qu'on lui donne encore quelquefois.

Le nom de cette pierre précieuse, d'un violet foncé, indique immédiatement à ceux qui savent le grec qu'elle est un talisman précieux contre l'ivrognerie. A *Mèthè*, dans la langue des antiques Hellènes, veut dire, en, effet *contre l'ivresse*.

Celui qui porte à son doigt une améthyste enchâssée d'or est garanti contre la pauvreté.

Amiante.

Cette matière minérale ne peut être attaquée par le feu, mais elle a surtout le pouvoir de préserver contre les sorts et les maléfices.

Corail.

Le corail a la vertu d'arrêter les hémorragies, de plus il préserve de la foudre; et, enfin, il écarte les mauvais génies.

Diamant.

Le diamant calme la colère et entretient l'amour entre les époux, ce qui lui a fait donner le nom de *pierre de réconciliation*.

Les diamants, lorsqu'ils sont donnés par des amants, provoquent des regrets, des inquiétudes et même souvent des repentirs.

Voulez-vous savoir si une femme est fidèle à son mari ou à son amant, mettez un diamant sur sa tête pendant qu'elle dort. Si son réveil est brusque, si elle est de mauvaise humeur, on peut être sûr que sa vertu ne vaut pas cher; si, au contraire, son réveil est calme, si elle sourit, c'est une épouse ou une amante fidèle.

Opale.

Cette pierre récrée le cœur, préserve de tout venin et contagion de l'air, chasse la tristesse, empêche les syncopes, les maux de cœur et les affection malignes.

Pierre philosophale.

La pierre philosophale ne peut être connue des méchants et des ignorants. Il faut pour pouvoir en comprendre les vertus magiques connaître la *Kabbale*, et cette science ne peut s'enseigner que de bouche à bouche, parce que l'écriture pourrait tomber en la possession de personnes indignes d'être initiées.

Sel.

Renverser le sel est un mauvais présage. En offrir à quelqu'un porte malheur.

LES JOURS NÉFASTES

LES JOURS NÉFASTES

Dans le Morbihan, le 1ᵉʳ mai est un jour néfaste, car c'est le jour où les maléfices sont jetés de préférence sur les bêtes à cornes. A l'effet de les garantir contre le mauvais sort, qui fait tarir les vaches, ou diminuer la quantité de beurre produite par le lait, on commence par faire sortir les bestiaux de l'étable que l'on nettoie à fond, puis on va chercher des ronces, du laurier, du sureau et des morceaux de cuir, que l'on fait brûler tout autour de l'étable dans des pots remplis d'avance de charbons allumés. Quand les préparatifs sont terminés, on fait rentrer les vaches dans l'étable à reculons. Mais ce n'est point tout, il faut encore se procurer une ronce ayant une racine à chacune de ses extrémités (ce qui peut se trouver facilement) et la fixer sous forme de demi-cercle au-dessus de la porte de l'étable.

Dans les Vosges, on doit éviter de se marier, de se mettre en voyage, de conclure un marché important, et même de changer de chemise le vendredi.

Dans beaucoup de maison, on n'oserait pas tuer un animal quelconque le jour du Vendredi-Saint, ni semer aucune espèce de grain, ni faire la lessive. On croit même qu'une personne qui coucherait dans un lit dont les draps auraient été blanchis ce jour-là serait en danger d'y mourir.

La superstition du vendredi est poussée très loin chez les Anglais; et il ne faut rien entreprendre d'important ce jour-là. On dit qu'un armateur, voulant prouver l'absurdité de l'horreur qu'ont ses compatriotes pour le *vendredi*, commença la construction d'un navire le *Vendredi*, le lança à la mer un *vendredi*, trouva pour le commander un capitaine nommé *Vendredi*, le fit mettre à la voile un *vendredi* et que... jamais depuis on n'en a entendu parler.

Dans un grand nombre de provinces françaises, les chemises que l'on fait le vendredi attirent les poux.

A Paris, le vendredi est regardé par le plus grand nombre des habitants comme un jour où il faut s'abstenir de bien des entreprises. Si le vendredi est également le treizième jour du mois, les recettes des bateaux et des tramways baissent dans une proportion considérable. Il est arrivé, il n'y a pas bien longtemps, que le vendredi-Saint, ou *Grand-Vendredi*, était en même temps un *Treize*; ce jour-là, les entreprises de transports en tous genres firent des recettes dérisoires.

PRÉSAGES FUNÈBRES

PRÉSAGES FUNÈBRES

Dans les Vosges, si des enfants, en jouant, s'amusent à tracer des croix sur le sable de la cour ou sur les portes, il y aura bientôt un mort, soit dans la maison, soit dans le voisinage.

Un chien qui fait entendre de longs et plaintifs gémissements pendant la nuit, près d'une maison, *hurle la mort*.

Une pie qui se perche sur une maison ou sur un arbre voisin d'une habitation, annonce qu'une personne de cette maison mourra prochainement.

Quand l'horloge de la paroisse sonne pendant l'office, entre les deux évangiles, signe de mort.

Quand un malade veut changer de lit, c'est un signe certain que la mort le tourmente.

Après avoir brûlé la paille du lit sur lequel une personne a succombé, on doit observer la direction que prend la fumée, car elle indique de quel côté du village aura lieu le prochain décès.

Quand une cloche tinte toute seule, c'est un présage de mort.

Si l'on entend frapper trois coups dans une maison où se trouve un malade, on peut être certain que sa dernière heure va bientôt sonner.

En Bretagne, quand on ferme les yeux d'un mort, si l'œil gauche vient à se rouvrir, c'est un signe certain qu'un de ses proches le suivra bientôt dans la tombe.

Dans le Morvan, si un avare, dans un moment d'oubli, se laisse aller à un accès de générosité, on peut être certain qu'il mourra bientôt. C'est ce que les bonnes femmes expriment d'une façon pittoresque en disant que « la mort le mène ».

Il y a une année pendant laquelle les humains sont surtout exposés à la mort, c'est la soixante-troisième de leur âge : Les Romains l'appelaient l'*année climatérique*.

« Prie les dieux pour moi, écrit Auguste à

« son neveu Caïus, car j'entre dans l'année
« redoutable, la soixante-troisième de mon
« âge ; l'année climatérique. » Cette superstition relative à la soixante-troisième année remonte à Pythagore. Selon les idées de ce philosophe, notre tempérament éprouve tous les sept ans une révolution complète ; quelques-uns disent même qu'il se renouvelle entièrement ; d'autres prétendent que ce renouvellement n'a lieu que tous les neuf ans : aussi les années climatériques se comptent-elles par sept et par neuf. Quarante-neuf et quatre-vingt-un sont très importantes, disent les partisans de cette doctrine ; mais soixante-trois est l'année la plus fatale, parce que c'est la multiplication de sept par neuf.

Les dents de l'enfance tombent à sept ans, la puberté se manifeste à quatorze, la croissance cesse à vingt et un, la dent de sagesse se montre vers la vingt-huitième année.

Le nombre sept est donc bien un nombre cabalistique.

Si un malade entend le bruit réel ou imaginaire d'une brouette, c'est signe que la mort est prochaine.

Le soir du mariage, celui des deux époux qui cède le premier au sommeil est aussi celui qui le premier descendra dans le tombeau.

Quand une porte s'ouvre seule, c'est signe de mort prochaine pour l'un des habitants de la maison.

Dans l'Inde, pour retrouver le cadavre d'un noyé, on prend un pain bénit dans lequel on pique une chandelle allumée, également bénite, puis on dépose le tout dans l'eau : si le pain ne s'arrête pas à l'endroit où se trouve le corps du noyé, la chandelle s'éteindra, et il ne restera plus qu'à fouiller le lit du cours d'eau à cet endroit.

PRONOSTICS

MÉTÉOROLOGIQUES ET AGRICOLES

PROVERBES

PRONOSTICS

MÉTÉOROLOGIQUES ET AGRICOLES

Il existe une Science connue sous le nom de *Météorologie*. Elle s'occupe des phénomènes atmosphériques, et en recherche les causes et les effets.

Il est bien entendu que les pronostics qu'on trouvera ci-après n'ont rien de commun avec cette Science. Ce sont simplement des remarques faites par des gens simples ou superstitieux; ou, si l'on veut, les inductions qu'ils tiraient d'un fait présent à un fait futur.

On croit dans plusieurs localités que le temps qu'il fait le jour de Noël et les onze jours qui le suivent annonce le temps qui dominera dans chacun des douze mois de l'année.

C'est ce qu'exprime le quatrain suivant :

> Regarde comme sont menées,
> Depuis Noël, douze journées,
> Car suivant ces douze jours,
> Les douze mois auront leur cours.

Dans la Somme, si l'on veut récolter des pois en quantité, il faut les semer le jour de la Sainte-Agathe (5 février). Il y a un proverbe Picard qui dit :

> Semez le jour de Sainte-Agathe,
> Vous récolterez à pleines jattes.

Dans ce même département, pour préserver les oignons de la sécheresse et des insectes, il faut les semer le jour du Vendredi-Saint. Aussi, quel que soit le temps qu'il fasse ce jour-là, les vrais Picards sèment leurs oignons.

Dans les environs de Lorient on croit que le vent qui souffle le dimanche des Rameaux, pendant l'élévation de la messe, est celui qui dominera pendant le reste de l'année. La même croyance existe dans les environs de Chartres.

> Année *venteuse*
> Année *pommeuse*.

La neige en janvier
Vaut du fumier.

En février,
Bon merle doit nicher.

Semez les poireaux le jour de Sainte-Agathe,
Un brin en vaut quatre.

Février emplit les fossés,
Mars les dessèche.

Quand la grive est au haut du chêne,
Bon homme sème ton *aveine* (avoine).

A la Saint-Georges,
Le blé a l'épi dans la gorge.

A la Saint-Georges,
Bon homme, sème l'orge.

A la Saint-Marc
Il est trop tard.

A la mi-avril
Le seigle est en épis.

A l'Exaltation (14 *septembre*),
Les hirondelles s'en vont.

A la Saint-Thomas (21 *décembre*),
Les jours allongent d'un pas.

Le cheval et le bœuf ne peuvent être contents

ensemble; quand il y a du foin il n'y a pas de paille.

> Bon poil, bonne tête,
> Le rouge est le maître.

Quand il pleut à la Chandeleur (2 *février*), il pleuvra sur les gerbes.

> Telles Rogations
> Telles fenaisons.

> Pâques au balcon,
> Noël au tison.

> Pâques pluvieux,
> Sac farineux.

> Mai frais, juin chaud
> Emplit le grenier jusqu'au haut.

> A l'Ascension,
> Tonds tes moutons.

> A la Saint-Pothin (2 *juin*),
> Sème ton sarrasin.

> Saint Jean *faucheur*,
> Saint Pierre *faneur*.

> A la Madeleine (22 *juillet*),
> Coupe ton *aveine*.

> A la Madeleine,
> La noix est pleine.

> A la Saint-Laurent,
> Regarde dedans.

Quand il pleut à la Saint-Médard,
Il pleut quarante jours plus tard (*pendant 40 jours*).

Telle Toussaint, tel Noël,
Pâques a la pareille.

Tels Quatre-Temps,
Telle saison.

Quand le pivert *plaint* (crie),
La pluie n'est pas loin.

Pluie matinale
N'est pas *journale*.

Arc-en-ciel du matin,
Bon homme mets ta bête en chemin,

Quand l'hirondelle arrive, l'hiver est mort.

Quand l'hirondelle rase la terre en volant, signe de pluie. Quand elle vole haut, signe de beau temps.

Si les poules rentrent au poulailler quand il pleut, c'est signe que la pluie va continuer. Si au contraire elles restent dehors, c'est que la pluie va cesser.

Quand le rouge-gorge chante, perché au haut des arbres, c'est signe de beau temps. S'il chante caché dans les buissons, c'est signe de pluie.

Quand la *saunière* dégoutte en hiver, c'est signe de dégel.

> Rouge au soleil couchant,
> C'est beau temps.

> Rouge au soleil levant,
> C'est pluie ou vent.

> Fêtes de Pentecôte pluvieuses,
> Ne sont pas avantageuses.

Quand les chênes portent beaucoup de glands, ils pronostiquent un hiver long et rigoureux.

> Tel vendredi, tel dimanche.

Racine dit avec plus de raison :

> Ma foi, sur l'avenir bien fou qui se fiera,
> Tel qui rit vendredi, dimanche pleurera.

Si la huppe chante avant la pousse de la vigne, c'est un signe d'abondance de vin.

> Quiconque en août dormira
> Sur midi, s'en repentira.

> Bref en tous temps je prédis
> Qu'il ne faut pas dormir à midi.

L'hiver est toujours dans le sac, s'il n'est pas au-dessus, il est au fond.

Les gens du Perche croient à l'influence de la lune sur le développement de la végétation. Il faut, d'après eux, semer en *croissant* les graines de trèfle, de luzerne et de chanvre. Le temps de *décours* ou *décroissant* est préférable pour les autres graines, tels que laitues, pois et choux pommés. On doit aussi couper les arbres et tirer le cidre en *décours*, sans quoi le bois se trouverait piqué des vers, et le breuvage serait trouble et impropre à la consommation.

Dans la partie orientale du département de l'Orne, on tire un coup de fusil chargé d'une balle bénite sur les gros nuages que l'on présume porter de la grêle dans leurs flancs, c'est un moyen de les détourner et de préserver les récoltes.

Dans certaines communes du département des Vosges, on dit que quand on entend le tonnerre avant la Notre-Dame de mars (25 mars) ou pendant les trois premiers jours de mai, les vaches ne donneront que peu de lait. Le tonnerre en avril est signe qu'on aura du bon fruit.

Dans ce même département, l'aubépine est

réputée comme un préservatif contre la foudre, par la raison que Notre-Seigneur a été couronné avec des rameaux entrelacés de cet arbrisseau.

On assure aussi que la foudre ne tombe jamais sur un hêtre, et qu'on doit se réfugier sous cet arbre quand on entend gronder le tonnerre au-dessus de sa tête.

Foudre.

Si la foudre tombe près de vous, adieu vos beaux projets, vos vastes espoirs, car elle vous annonce désastres et calamités.

Quand on voit l'éclair, si l'on veut se préserver contre la foudre, il faut s'empresser de faire le signe de la croix.

Si l'on veut, quand l'air est calme, savoir d'où soufflera le vent prochain, il suffit d'examiner les chiens : ils flairent précisément du côté d'où viendra le vent.

Vent à la Saint-Lambert, signe de guerre;

brouillard à la Saint-Lambert, grande mortalité !

> Chartres sans pain,
> Orléans sans vin,
> Paris sans science,
> Adieu la France.

Dans le pays Messin, celui qui vend du lait a soin, avant de le vendre, d'y mettre un grain de sel; sans cette précaution, celui qui l'achète pourrait se servir de ce lait pour ensorceler la vache qui l'a produit.

En Bretagne, il faut profiter de l'heure où la mer descend pour châtrer les truies, et du commencement du flux pour battre le beurre.

On tue les cochons mâles quand la mer monte, les truies quand elle descend.

LE PRESSENTIMENT

LE PRESSENTIMENT

Le pressentiment est-il un fait constaté de temps immémorial par un nombre considérable de personnes, ou n'est-il qu'une simple superstition, dont la place se trouve alors tout indiquée dans ce livre?

Sans ajouter foi aux prédictions des somnambules extra-lucides, sans croire aux cérémonies magiques pratiquées à l'usage des ignorants qui s'enquièrent des secrets de l'Avenir, on peut néanmoins se demander s'il n'y a pas des faits inexplicables, ou plutôt une mystérieuse sympathie des âmes pour entrer en *consonance*, malgré l'éloignement le plus considérable, avec d'autres âmes, et pressentir ainsi les événements heureux, ou les catastrophes, dont ces dernières sont menacées, et s'il n'existe pas également des phénomènes, purement internes, prémonitoires de ce qui nous doit arriver.

Si l'on interroge les *vrais* philosophes, c'est-à-dire ceux qui étudient la genèse de nos pensées et de nos émotions, ils restent muets ; et, dans leurs livres, ils ont traité le sujet par prétérition. Quant aux physiologistes, ils gardent également le silence, car la chose n'est pas d'ordre physiologique proprement dit, puisqu'elle échappe à l'investigation tactile et visuelle.

L'*Encyclopédie* dit que le pressentiment est une crainte ou une espérance secrète que telle chose arrivera de telle ou telle manière. Puis on lit dans ce vaste magasin scientifique : « Ce mot
« se prend ou pour une prévoyance qu'on a d'une
« chose avant qu'elle arrive et cela par un mou-
« vement naturel, secret et inconnu que nous
« éprouvons en nous, et qui nous avertit de
« ce qui nous doit arriver. L'auteur ingénieux
« des aventures de Robinson Crusoë a entre-
« pris d'établir la réalité et l'utilité des pres-
« sentiments qui naissent de mouvements
« secrets et inconnus, et l'obligation d'y faire

« attention. Il prétend qu'il n'y a rien de plus
« réel que certains pressentiments que nous
« sentons dans notre âme, et qui nous dirigent
« à faire ou à ne pas faire une certaine chose.
« Il croit que ces avertissements sont des voix
« secrètes de quelques intelligences bienfai-
« santes qui communiquent avec nos âmes sans
« le secours des organes ; qu'ils sont dignes de
« toute notre attention, parce qu'ils tendent
« directement à nous faire éviter des maux,
« et à nous porter à la recherche de quelque
« bien. »

Il est inutile de pousser plus loin la citation car on pense bien qu'une Encyclopédie qui se respecte ne peut pas admettre le pressentiment. Les savants qui ont collaboré à cette grosse compilation, partagent avec les esprits forts contemporains cette opinion désopilante « *que ce qu'ils ne peuvent expliquer ne peut exister.* »

Les écrivains en tous genres, romanciers, poètes, et historiens ont souvent parlé de cette idée vague et instinctive que l'on a d'une chose inconnue, et il leur semble que ces visions plus ou moins obscures de l'avenir sont choses dont la réalité est incontestable. Brantôme cite le fait d'un grand capitaine qui, le matin d'une bataille, avait le pressentiment de sa mort, laquelle eut lieu en effet.

Tout le monde est à peu près d'accord sur l'existence des symptômes vagues qui annoncent la prochaine venue d'un malheur. Les anecdotes historiques abondent sur ce sujet. Non seulement on dit que Henri IV eut le pressentiment de sa mort mais qu'encore Marie de Médicis le conjurait de ne pas sortir ce jour-là, car elle aussi éprouvait de vagues craintes dont elle ne pouvait s'expliquer la cause.

Buffon attribue même aux animaux le pressentiment de certains phénomènes naturels. Suivant un autre naturaliste, des chiens auraient pressenti par de longs hurlements un tremblement de terre prochain. Enfin n'est-il pas de croyance générale que les rats délogent quelque temps d'avance d'une maison qui va s'écrouler?

Il y a des pressentiments d'ordre purement physique et dont la réalité est évidente : telles sont les sensations douloureuses qu'éprouvent les rhumatisants ainsi que les personnes qui ont des cors aux pieds à l'approche d'une variation atmosphérique. Certains individus ne sont-ils pas de véritables baromètres — dont la société d'ailleurs n'a rien de très agréable? Les névropathes ne disent-ils pas qu'ils éprouvent des pesanteurs à la tête à l'approche d'un orage ?

Mais ce n'est point de ces phénomènes d'ordre purement physiologique qu'il s'agit ici. Y a-t-il un je ne sais quoi, indéfinissable, mystérieux qui nous avertit d'un événement heureux ou redoutable, sans qu'il se produise un phénomène quelconque dans les choses de la Nature?

Tel de nos amis, ou de nos proches, est au loin, il est en danger de mort, et nous éprouvons comme un vague malaise, nos pensées se reportent vers lui plus que de coutume, nous le voyons, dans nos rêves, exposé à des dangers.

Mais ce sont surtout les femmes, dit-on, dont l'organisme est plus délicat, dont le système nerveux est beaucoup plus sensible qui ont de ces pressentiments qui déroutent la raison expérimentale et purement raisonnante. Les mères surtout n'ont-elles pas de ces intuitions

qui déconcertent? « L'absence de tout trouble,
« dit Virey, dispose à sentir mieux une légère
« émotion, de même que le silence profond
« permet d'entendre le plus faible bruit. La
« solitude séparant l'esprit du tourbillon des
« affaires, concentre la sensibilité, accoutume
« à la méditation, rend plus attentif aux actes
« intérieurs de l'âme. La femme, se recueillant
« au-dedans, s'écoute davantage ; elle grossit
« et enfle nos moindres sensations dans le
« repos et surtout dans l'obscurité de la nuit.
« Les femmes, à l'aide d'une inexplicable
« sympathie, entrent en consonance avec
« ceux qu'elles aiment et peuvent pressentir
« des événements dans le monde qui les touche
« et les avoisine. Qui pressent plus tôt dans
« les familles les maladies, les morts, les
« périls et autres accidents de la vie, si ce
« n'est la tendresse inquiète d'une mère,
« la sollicitude d'une jeune épouse? Leur âme
« toujours craintive, tendue à s'enquérir de
« de ce qui peut nuire aux êtres qu'elle
« chérit, court au-devant, pour ainsi dire,
« des coups du sort. Et comme avant la
« blessure que nous voyons faire, notre sen-

« sibilité compatit d'abord dans la partie sem-
« blable de notre corps par une sympathie in-
« volontaire, de même les âmes s'entretiennent
« par ce commerce secret à de longues dis-
« tances ; elles vivent ainsi dans d'autres âmes
« par de saintes et indissolubles amours ; elles
« s'attachent par les liens du sang, par l'étroite
« communauté des habitudes, qui persiste
« malgré l'absence jusque sous d'autres hémis-
« phères. Qui niera que dans cette adhésion
« perpétuelle des âmes il ne se forme pas de
« vrais pressentiments ? »

LES RÊVES

LES RÊVES

Considérations générales.

« Le rêve, nous dit la Science, est une combinaison involontaire d'images ou d'idées, souvent confuses, parfois très nettes et très suivies, qui se présentent à l'esprit pendant le sommeil.

« A l'état normal, on ne rêve que rarement pendant les premières heures du sommeil. Mais plus tard, à mesure que les organes de la pensée se délassent, ils rentrent successivement à l'état de veille ou d'activité ; c'est pourquoi on rêve davantage lorsque s'approche l'heure du lever. Le rêve n'est donc qu'un état de veille partielle de quelques organes cérébraux avec ou sans celle des appareils extérieurs correspondants ; ou, en d'autres termes, il est une activité spontanée de certains organes pendant que les autres reposent.

« Les rêves sont le produit d'un travail cérébral non réglé par l'examen de la réalité à l'aide des organes des sens. Si, le plus souvent, les rêves sont bizarres, c'est que le sommeil ayant fait cesser toute spontanéité, les diverses idées qui sont formées, sont associées comme au hasard et, par conséquent, avec d'étranges incohérences.

« Souvent les rêves ont, par leur nature, quelques rapports avec la cause qui oblige le cerveau à les engendrer. Le plus souvent le cerveau est seul mis en jeu dans une ou plusieurs de ses parties; mais il peut arriver que les rêves s'accompagnent de tous les phénomènes expressifs ainsi qu'à l'état de veille absolue : on se meut, on parle, on gémit, on se plaint, on pleure, on chante, etc.

« Quelquefois, pendant le sommeil, se produisent de véritables travaux intellectuels et que la volonté semble diriger. Il n'est personne qui, en dormant, n'ait travaillé les divers objets de ses études. Souvent on résout alors tout d'un coup, avec promptitude, des difficultés de mémoire, de jugement, d'imagination, qu'on n'avait pu vaincre pendant la veille. C'est que le sommeil n'a pas gagné les organes cérébraux de la conception et de la méditation, qui veillent pendant que les autres sont dans le repos. »

Ce qui précède est l'expression de la science moderne, par l'organe de M. Littré. Ce n'est que de la *physiologie*, et les physiologistes n'admettent pas le surnaturel, mais il faut laisser dire aux modernistes tourmentés par le souci des sciences positives que seules sont dignes d'intérêt, les doctrines qui d'un bout à l'autre peuvent être traitées par le syllogisme et par la déduction. Leur esprit, façonné par la trituration particulière aux méthodes mathématiques, est incapable de s'élever au-dessus des considérations qui constituent le domaine de l'école utilitaire, et se montre rebelle aux investigations qui procèdent des études naturelles, en ce qu'elles ont de plus immatériel et de plus élevé.

De plus immatériel, il faut insister sur ce point. Actuellement, la matière, en effet, a la prédominance sur l'esprit dans les goûts de l'humanité; et c'est là ce qui fait notre malheur. Aux recherches mystiques où se plaisait l'antiquité on a substitué les recherches positives propres à être mises en équation et traitées comme autant de problèmes d'algèbre.

Et quels ont été les résultats de cette tendance ? C'est qu'au lieu de s'élever et de s'élargir, l'âme, qui est l'unité vitale, s'est rabaissée est diminuée; c'est qu'au lieu d'entretenir des aspirations saines et consolantes, la généralité des hommes est tombée dans les croyances étroites d'où naît la désespérance, c'est-à-dire la diminution de la foi. Le scepticisme est le mal dont souffre le monde, et c'est à nos philosophes et à nos savants modernes que nous devons nous en prendre de cette plaie qui s'est attachée aux générations actuelles et les ronge.

Ne pas croire, — à peine est-ce tolérable chez ceux-là que l'âge a maintes fois désillusionnés, qui vont, les cheveux blanchis et le corps courbé, n'ayant plus rien à attendre, et passent les jours à se souvenir et à regretter.

Ne pas avoir la foi, — c'est inadmissible chez ceux-là que ne tourmente pas un réalisme outré, que la vie n'a pas complètement usés, que Schopenhauer et ses disciples n'ont pas gagné à une prétendue philosophie dont le résultat n'est pas autre chose que la négation du perfectionnement et du progrès.

Bien différents étaient les hommes de l'antiquité et ceux du moyen âge. Tous, sans en excepter les plus éclairés, adoptaient plus ou moins, comme dignes de leur examen, les spéculations où le mystérieux tenait la plus grande place, où la croyance ne pouvait pas s'étayer sur le raisonnement et s'appuyer sur des preuves.

Valaient-ils pourtant moins que nous ne valons? C'est au moins douteux, pour ne pas dire davantage. Et si le siècle où nous vivons est appelé à marcher dans l'histoire de l'humanité par l'avancement de l'analyse scientifique, il est peu probable qu'il efface les splendeurs de l'antiquité et les merveilles du moyen âge. Victor Hugo, quelle que soit sa gloire, ne fera pas oublier Homère; Cousin ne fera pas oublier Platon; l'astronomie ne tuera pas l'astrologie; et tous les progrès de la chimie n'enterront pas l'alchimie.

Or, parmi les sciences qui ont le plus occupé nos ancêtres, l'onéiromancie, ou l'art d'expliquer les songes, était particulièrement tenue en honneur. Aristote, Hippocrate, Galien, d'autres encore non moins célèbres, s'en sont occupés ; Pline estime qu'un songe annonce précisément le contraire de ce qu'il fait voir ; c'est ainsi que, d'après lui, rêver que l'on pleure est un présage de joie, et, inversement, rêver que l'on est en joie est un présage de pleurs.

Tout le monde sait l'importance qui est attribuée aux songes dans la Bible. L'histoire de Joseph et celle de Nabuchodonosor, par exemple, sont là pour attester cette importance.

En France, l'art d'expliquer les songes ne commença à être en vogue que vers le commencement du quinzième siècle. Il y fut importé par des bandes errantes qui venaient de la Bohême.

« Ces bandes, dit Pasquier, se composaient d'une centaine d'individus, que l'on appela les Bohémiens. Leur chef avait, parmi eux, le titre de duc ; d'autres étaient comtes ou barons.

Ils avaient dix hommes d'escorte et s'annonçaient comme arrivant de la Basse-Égypte d'où les Sarrasins les avaient chassés. Ils, étaient allés à Rome confesser leurs péchés, et le Souverain Pontife leur avait, pour pénitence, enjoint d'errer de par le monde pendant sept années consécutives, sans jamais coucher dans un lit.

« Ils campèrent au village de la Chapelle-Saint-Denis, où les Parisiens allaient les voir en foule. Ils avaient les cheveux crépus, le teint basané, et portaient aux oreilles des anneaux d'argent. »

Les personnages les plus célèbres de notre siècle ont cru à l'onéiromancie. Napoléon Ier accorda sa confiance entière à Moreau, l'impératrice Joséphine à Mlle Lenormand, Louis XVIII à Martin; vers 1850, Mme Clément donnait, rue de Tournon, des séances où accourait la société aristocratique de Paris.

C'est surtout des songes que n'a occasionnés aucun état passionnel ou morbide qu'il convient de tenir compte; les songes nés d'une excitation n'ont comme présages qu'une valeur relativement très faible.

Les rêves qui comportent une prophétie réelle sont surtout ceux qui se produisent vers la fin du sommeil, alors que l'esprit, bien reposé, n'est soumis à aucune influence étrangère ; il faut, en tout cas, que le travail de la digestion soit complètement terminé, que le songeur n'ait éprouvé aucune émotion violente et qu'à son réveil il ait gardé le souvenir très net de ses visions.

INTERPRÉTATION DES PRINCIPALES VISIONS
DONNÉE PAR ORDRE ALPHABÉTIQUE

Abatis. — Allégresse.

Abattoir. — *Si l'on y tue,* joie ; *si l'on n'y tue pas,* danger de mort.

Abeilles. — Profits ; *piqûre d'abeilles,* dommage sensible ; *prendre des abeilles,* prospérité.

Abime. — Mort d'un parent ou d'un ami.

Aboiements. — Perte d'un procès.

Abreuvoir. — Perte sans importance.

Abricot. — Bonne santé.

Abricotier. — Contentement ; *s'il porte des fruits desséchés,* déboires.

Absence. — *D'un homme*, perte d'héritage; *d'une femme*, chagrins domestiques.

Absinthe. — Douleur suivie de joie.

Acacia. — Bonne nouvelle.

Acajou. — Vanité qui sera funeste.

Accouchement. — Heureuse issue d'un procès.

Acteur. — Vos amis méritent votre confiance.

Actrice. — Votre projet réussira.

Adultère. — Bénéfice assuré.

Agneau. — *Qui s'approche*, mariage avantageux; *que l'on suit*, vieillesse heureuse; *que l'on caresse;* maîtresse fidèle; *par qui l'on est caressé*, nombreuse prospérité; *que l'on tue*, lâcheté; *enragé*, fortune considérable dont la jouissance est troublée par les malheurs domestiques.

Agonie. — *Personnelle*, héritage; *d'autrui*, gain inattendu.

Aigle. — Grande réussite,

Aiguille. — *A coudre*, tracasseries de longue durée; *à tricoter*, médisance féminine.

Ail. — L'haleine de la femme que l'on épousera sera exquise.

Aimant. - Flatterie.

Alambic. — Inquiétudes.

Alchimie. — Succès artistique.

Algèbre. — Heureuse spéculation.

Allaitement. — Présage d'une grande joie.

Allumette. — Incendie; *s'en servir*, femme volage.

Almanach. — Ayez une conduite plus sage.

Aloès. — Amertume.

Alouette. — Élévation rapide.

Amadou. — Brûlure prochaine.

Amande. — *Douce*, perte de biens; *amère*, amitié profitable; *manger des amandes*, votre fils s'endettera.

Amandier. — Jeunes amours.

Amant. — Affliction.

Amaranthe. — Douleur partagée

Amazone. — Femme vindicative.

Ambre. — Bonne fortune.

Améthyste. — Tempérance.

Amidon. — Duperie.

Amour. — Félicité.

Ananas. — Contrariété.

Anchois. — Conquête amoureuse.

Andouille. — Inconduite.

Ane. — *Blanc*, retard d'une nouvelle attendue; *gris*, bonheur en amour; *noir*, infidélité conjugale.

Anémone. — Cadeau prochain.

Ange. — Accroissement d'honneurs.

Anguille. — Malice de femme.

Anneau. — Mariage; *rompu*, vengeance.

Aqueduc. — Héritage.

Araignée. — Trahison.

Arc-en-ciel. — *Du matin*, beau signe; *du soir*, mauvais signe.

Archet de violon. — Flatteurs dangereux.

Arêtes. — Ennui.

Argent. — *En lingot*, soyez plus économe; *monnayé*, revers de fortune.

Argenterie. — Vous serez victime d'un escroc.

Arithmétique. — Cadeau que vous payerez cher.

Armoiries. — Mensonge.
Armure. — Précaution inutile.
Arquebuse. — Action d'éclat.
Arrosoir. — Objet perdu.
Arsenic. — Pauvreté.
Artichaut. — Chagrin.
Artillerie. — Orgueil fâcheux.
Asperges. — Travail récompensé.
Asphyxie. — Profit considérable.
Assassin. — Délivrance d'un captif.
Assassinat. — Convalescence.
Assiette. — Heureux présage.
Athlète. — Vous êtes trop léger en affaires.
Aubépine. — La femme que vous aimez mérite votre affection.
Auberge. — *Pleine*, bonheur ; *vide*, malheur.
Aubergiste. — Vos entreprises réussiront.
Aumône. — *Faite*, dignité ; *reçue*, douleurs prochaines.
Aumônier. — Bon conseil.
Autruche. — Lointain voyage.
Avoine. — Bénéfice.
Avortement. — Peines de cœur.

Bagne. — Votre paresse vous perdra.
Bague. — Amour.
Baguette divinatoire. — On connaît un secret dont dépend votre tranquillité.
Baignoire. — Vieillesse heureuse.
Bain. — Santé.
Baïonnette. — Victoire certaine.

Baiser. — Réussite en amour ; *sur la main*, bonne fortune ; *baiser la terre*, piété.

Bal. — Plaisir dispendieux ; *masqué*, plaisir honteux.

Balai. — Affaires qui demandent à être vite réglées.

Balance. — Justice.

Balançoire. — Mariage manqué.

Balcon. — Curiosité punie.

Baleine. — *De corset*, amour partagé ; *mammifère*, secours imprévu.

Ballon. — Projets chimériques.

Banc. — *De bois*, réalisation de promesses reçues ; *de fer*, cadeaux précieux ; *de pierre*, offre avantageuse.

Banque. — Regrets occasionnés par la mauvaise fortune.

Banqueroute. — Heureuse issue d'affaires embrouillées.

Banquet. — Succès mondains.

Baptême. — Prospérité.

Barbe. — *Longue*, procès gagné ; *courte*, duel ; *blonde*, jours heureux ; *brune*, jours malheureux ; *se faire la barbe*, longs ennuis ; *barbe qui tombe*, entreprise ruineuse.

Barbet. — Présage favorable.

Barbier. — Évitez les cancans.

Baril. — Abondance.

Barque. — Probité ; *échouée*, misère.

Bas. — Affront ; *troués*, persévérance ; *mettre des bas*, perte d'argent ; *ôter ses bas*, aisance.

Basilic. — Amertume.

Bassinoire. — Dettes.

Bataille. — Fâcheux présage ; *navale*, dangers menaçants ; *de femmes*, médisance ; *champ de bataille*, chagrin.

Bateau. — Entreprise profitable ; *être en bateau*, passion naissante.

Bâton. — Prudence nécessaire.

Battoir. — Malheur imprévu.

Battre. — Emportements déraisonnables ; *son mari*, femme respectueuse des droits conjugaux.

Bazar. — Orgueil puni.

Bécassine. — Affection mal placée.

Bec-figue. — Gourmandise.

Bêche. — Travail pénible, mais fructueux.

Beignets. — Prochaine réunion de famille.

Bélier. — Mauvais présage.

Belle-fille. — Tentation.

Belle-mère. — Inceste.

Belle-sœur. — Trahison.

Bénitier. — Ame pure.

Béquilles. — Danger évité.

Berceau. — *D'enfant*, fécondité ; *de verdure*, mystère d'amour.

Berger. — Héritage ; *bergère*, mariage prochain et heureux.

Besace. — Grande misère.

Betterave. — Chagrins oubliés.

Beurre. — Naissance d'un fils.

Biberon. — Abondance.

Bière. — *Boisson*, perte de temps; *cercueil*, mort prochaine.

Bijoux. — Orgueil puni; *faux*, flatterie ridicule.

Bilboquet. — Retour d'un voyageur.

Billard. — Spéculation aventureuse.

Billet. — *Quelconque*, bonne nouvelle; *billet doux*, changement de fortune; *de loterie*, prodigalité; *de commerce*, poursuites judiciaires.

Biscuit. — Bonne santé; *de mer*, bonnes nouvelles venant de loin.

Bitume. — Attachement malheureux.

Blason. — Dignités.

Blé. — Abondance.

Blessure. — *Faite*, tristesse; *reçue*, héritage; *vue*, maladie au foyer domestique.

Bocal. — Union conjugale.

Bœuf. — Richesse; *bœufs attelés*, union prospère.

Boire. — Maladie nerveuse.

Bois. — *A brûler*, richesse croissante; *forêt*, opulence.

Boiteux. — Maladie incurable.

Bombe. — Déshonneur au foyer domestique.

Bonbons. — Flatterie perfide.

Bonheur. — Espoir déçu.

Bonnet. — *De femme*, mariage prochain; *de nuit*, rêve agité.

Borgne. — Soyez plus vigilant.

Bosse. — Raillerie.

Bossu. — Chagrin.

Bottes. — Mort d'un parent éloigné; *botte d'oignons*; vieillesse précoce.

Bottines. — Jalousie.

Bouc. — Liaison inavouable; *troupeau de boucs*, héritage.

Bouche. — Prospérité commerciale.

Boucherie. — Catastrophe ruineuse.

Bouchon. — Mœurs légères.

Boucle. — *De cheveux*, affections sincères; *d'oreille*, mort subite; *de soulier*, familiarités coupables.

Bouclier. — Virginité.

Boudin. — *Blanc*, commerce prospère; *noir*, affaires embarrassées.

Boudoir. — Amours faciles.

Bougie. — Enterrement.

Bouilli. — Concorde.

Bouillie. — Mariage avec une femme vieille et riche.

Bouillon. — *Maigre*, santé; *gras*, richesse.

Boule. — Argent gaspillé; *en mouvement*, folie.

Bouleau — Grâce.

Boulet — Détresse.

Bouquet. — Fausse nouvelle.

Bourreau. — Déshonneur.

Bourse. — On sera généreux à votre égard.

Boussole. — Long voyage sur mer.

Bouteille. — *vide*, chanson; *pleine*, sobriété; *cassée*, tristesse.

Boutique. — Espérance; *louer une boutique*, succession inattendue.

Bouton. — Héritage inespéré; *de fleur*, commerce prospère.

Bouvreuil. — Joie suivie de peines cuisantes.

Bracelet. — Prospérité; *que l'on achète*, servitude; *que l'on a perdu*, joie passagère; *que l'on donne*, mariage prochain; *que l'on reçoit*, douleur cuisante.

Bras. — Amitié fidèle; *cassé*, mort d'un ami; *croisés*, mort d'un parent; *donner le bras*, affection profonde.

Brebis. — Richesse.

Bréviaire. — Piété.

Brigand. — Perte d'un parent.

Brioche. — Famille désunie.

Brochet. — Peines inutiles; *péché*, fatigue; *mangé*, danger de mort; *que l'on fait cuire*, amour conjugal.

Broderie. — Ambition.

Bronze. — Réussite.

Brosse. — Vigilance.

Brouette. — Pauvreté.

Brouillard. — Projets irréalisables.

Brouille. — Sécurité.

Brûlure. — Adversité.

Bruyère. — Fidélité dans l'infortune.

Buches. — Santé.

Buffet. — Abondance.

Buis. — Consolation.

Buisson. — Obstacles dont vous triompherez.

Burettes. — Mettez de l'eau dans votre vin.

Burin. — Mauvaise réputation non méritée.

Cabane. — Humilité.

Cabaret. — Graves défauts.

Cachemir. — Indigence prochaine.

Cadavre. — Mort prochaine.

Cadeau. — Punition.

Cadenas. — Précautions inutiles.

Cadran. — Héritage suivi de mariage.

Café. — *Vu*, prospérité; *bu*, longue vie; *estaminet*, défauts.

Cage. — Captivité; *avec des oiseaux*, retour à la liberté.

Caille. — Embûches.

Cailloux. — Intrigues.

Caisse. — Succès.

Calcul. — Réussite en affaires.

Calèche. — Prospérité inespérée.

Caleçon. — Affection sincère.

Calomnie. — Vice découvert.

Calotte. — Danger imminent.

Calvitie. — Mauvais présage.

Caméléon. — Amour du changement.

Camion. — Petite succession.

Campagne. — Voyage d'agrément; *militaire*, bien-être.

Camphre. — Mariage d'inclination.

Canal. — Vous vous marierez au loin.

Canapé. — Affection intime et sincère.

Canard. — Lettre anonyme; *mangé*, plaisir d'amour.

Cancer. — Maladie mortelle; *dont on est atteint*, suicide.

Canif. — Brouille de famille.

Canne. — Querelle.

Canon. — Guerre; *que l'on tire*, ruine prochaine.

Canot, canotage. — Honnête récréation.

Capucines. — Bonne réputation.

Cardinal. — Vous ne réussirez que grâce à l'économie.

Cordon. — Vanité.

Caresse. — Plaisir conjugaux.

Carotte. — Vous prêterez de l'argent qu'on ne vous rendra pas.

Carpe. — Santé.

Carrosse. — Bêtise.

Cartes. — *A jouer*, argent mal placé; *de visite*, secret dévoilé; *jouer aux cartes*, vous serez la dupe de trompeurs.

Cartouche. — Victoire.

Cascade. — Mariage heureux.

Caserne. — Honneurs mérités.

Casque. — Chagrins domestiques; *pour un militaire*, gloire.

Casquette. — Existence péniblement gagnée.

Casserole. — Sensualité.

Cassette. — Tracas amoureux.

Cassis. — Affliction.

Cataplasme. — Longue convalescence.

Ceinture. — Mariage d'inclination.

Ceinturon. — Splendeur.

Céleri. — Infidélités conjugales.

Cendres. — Fâcheuse nouvelle.

Cerceau. — Victoire remportée avec peine.

Cercueil. — Mort prochaine.

Cerf. — Élévation; *cerf en troupe*, augmentation de famille.

Cerf-volant. — Puissance.

Cerises. — Nouvelles favorables.
Chaîne. — Mélancolie; *dont on est chargé*, revers.
Chaise. — Distinction.
Chameau. — Sobriété.
Champignons. — Longue vie.
Chandelier. — Amour.
Chandelle. — Réussite en affaires.
Chanvre. — Suicide.
Chapeau. — Hommages.
Chapelet. — Secret découvert.
Chapelle. — Amour profane.
Charbon. — *Ardent*, reproches; *éteint*, gloire éphémère.
Chardon. — Goûts dépravés.
Chardonneret. — Médisance.
Charogne. — Mauvais présage.
Charrue. — Heureuses entreprises.
Chasse. — Escroquerie; **chasseur**, bénéfices.
Chat. — *Blanc*, trahison; *noir*, perfidie féminine; *roux*, tristesse.
Chaudron. — Bonnes nouvelles de la campagne.
Chaumière. — Probité dans la misère.
Chauve-souris. — Attaque nocturne.
Cheminée. — *Allumée*, amour fidèle; *sans feu*, amour déçu.
Chemise. — Santé.
Chêne. — Longue vie.
Chenêt. — Entêtement.
Chenille. — Ennemis cachés.
Cheval. — *Blanc*, protecteur; *noir*, deuil; *alezan*, fredaines; *pie*, luxe; *monté*, succès certain; *attelé*,

réussite ; *arabe,* fidélité ; *à l'écurie,* perte d'argent ; *que l'on ferre,* maladie ; *mort,* perte d'un parent ; *emporté,* colère.

Cheveux. — *Blonds,* niaiserie ; *noirs,* force ; *rouges,* intrigues féminines ; *blancs,* caducité ; *crépus,* maladie.

Chèvre. — Amour inconstant.

Chevreau. — Vous avez des ennemis.

Chèvrefeuille. — Liens d'amour.

Chevreuil. — Amour libre.

Chicorée. — Amertume.

Chien. — *Blanc,* fidélité ; *noir,* médisance ; *enragé,* craintes justifiées ; *de chasse,* sécurité ; *chiens qui se battent,* embûches ; *chiens qui aboient,* calomnies.

Chiffon. — Lettre de femme.

Chocolat. — Bonheur conjugal.

Choléra. — Nouvelle de la mort d'un ami.

Chouette. — Mort dans la famille.

Choux. — *Blancs,* mariage prochain ; *verts,* espérance ; *choux-fleurs,* grandes nouvelles de la campagne ; *manger des choux,* ennemis.

Ciboule. — Sarcasmes.

Cicatrice. — Ingratitude.

Cidre. — Contrariété ; *en boire,* dispute.

Cierge. — Mariage prolifique.

Cigale. — Recette perdue.

Cigare. — Déceptions.

Cigogne. — Mauvais augure.

Ciguë. — Mort violente.

Cilice. — Privations.

Cimetière. — Retour d'un voyageur.

Cire. — *Blanche*, accident ; *brune*, rendez-vous galant ; *jaune*, enterrement ; *rouge*, discrétion.

Ciseaux. — Brouille entre amoureux.

Citron. — Amertume ; **Citronnier**, contrariétés.

Citrouille. — Convalescence ; *mangée*, ménage paisible.

Clair de lune. — Rendez-vous nocturne.

Clé. — Mariage.

Cloche. — Alarme ; **Clocher**, chagrins domestiques.

Clystère. — Naissance.

Cocarde. — Courage.

Cocher. — Insolence.

Cochon. — Mœurs dissolues ; *d'Inde*, exil.

Coffre. — Prenez garde aux voleurs.

Coing. — Profits.

Colimaçon. — Timidité exagérée.

Colique. — Tribulations.

Collège. — Ennui mortel.

Collier. — *D'or*, surveillez mieux vos intérêts ; *d'ambre*, bénéfice ; *de corail*, mariage prochain ; *de diamants*, déception ; *de perles*, raccommodement.

Colombe. — Plaisirs honnêtes.

Comète. — Peste ou famine.

Commerce. — Heureux avenir.

Commissaire. — Secours.

Communion. — Votre vie est en danger.

Compas. — Abus de confiance.

Concert. — Meilleure santé.

Concierge. — Relations difficiles.

Concombre. — Naïveté.

Confession. — Soyez plus réfléchi.

Confitures. — Satisfaction.

Contestations. — Amitié trahie.

Contrariété. — Timidité excessive.

Coq. — Confiance; *coq qui chante*, joie; *combat de coqs*, querelles.

Coquelicot. — Bon caractère.

Coqueluche. — Craintes puériles.

Cor. — *D'harmonie*, intrigue amoureuse; *de chasse*, protestations mensongères; *dont on joue*, peines de cœur; *cor au pied*, tourments.

Corail. — Bénéfices.

Corbeau. — Présage de mort.

Corbeille. — Abondance; *de mariage*, accroissement de famille.

Corbillard. — Mort prochaine.

Corde. — Longue vie; *d'instrument*, propos malveillants.

Cornichon. — Maladie.

Côtelette. — *De mouton*, confiance; *de veau*, tempérament faible; *de porc*, retour à la santé.

Couleuvre. — Ennemi caché.

Couronne. — *De fleurs*, plaisirs; *de laurier*, succès; *d'épines*, persécution; *de lierre*, amitié sincère et durable; *d'or*, dignités; *de chêne*, patriotisme; *d'olivier*, douceur de caractère; *d'immortelles*, gloire artistique.

Couronnement. — Protection.

Course. — *A pied*, liberté; *à cheval*, duperie.

Courtisane. — Scandale.

Cousin. — *Parent*, mariage prochain; *insecte*, calomnie; **Cousine**, tentation amoureuse.

Couteau. — Amitié rompue.

Couvent. — *De moines,* hospitalité ; *de femmes,* consolation ; *pensionnat,* ennui.

Crachat. — Dégoût.

Crâne. — Maladie cérébrale.

Crapaud. — Spéculations heureuses.

Cravache. — Créanciers.

Cravate. — Servitude.

Crayon. — Lettres sans importance.

Créancier. — Richesse prochaine.

Crème. — Grande joie succédant à un petit danger.

Crêpe. — *Etoffe,* rencontre inattendue ; *gâteau,* plaisirs immoraux.

Cresson. — Santé.

Crevettes. — Nuits passées dans la débauche.

Crier. — Faiblesse de constitution ; *au voleur,* joyeux réveil ; *à l'assassin,* fausse alarme.

Crime. — Disgrâce.

Crocodile. — Voyage lointain dont les suites vous seront funestes.

Croix. — Affliction ; *en or,* action d'éclat.

Crucifix. — Danger menaçant.

Cruche. — *Vide,* état précaire ; *d'eau,* plaisirs éphémères ; *d'huile,* réputation compromise.

Cuiller. — *En bois,* chagrins ; *en étain,* perte d'argent ; *en argent,* gain à la loterie.

Cuirasse. — Soyez plus prudent.

Cuirassier. — Courage.

Cuivre. — *Jaune,* richesse, *rouge,* empoisonnement.

Culbute. — Affaires manquées.

Cul-de-jatte. — Malheur.

Cul-de-sac. — Banqueroute frauduleuse.

13

Culotte. — Repos mérité.
Cygne. — *Blanc*, candeur ; *noir*, brouilles domestiques ; *qui chante*, présage de mort.
Cymbales. — Jactance.
Cyprès. — Infortune.

Daim. — Pusillanimité.
Dais. — Guérison.
Dame. — *Du monde*, projets chimériques ; *du demi-monde*, commérages.
Dames. — *A jouer*, affliction.
Damier. — Chicanes.
Danse. — Infirmités ; **Danser**, infortune.
Dattes. — Volupté ; *mangées*, santé.
Dé. — *A coudre*, vieillesse précoce ; *à jouer*, perte de temps.
Débauche. — Maladie et regrets.
Déclamation. — On vous tend un piège.
Déclaration. — Bonne fortune.
Décor. — Ambition exagérée.
Décoration. — Mérite récompensé.
Découragement. — Zèle insuffisant.
Décrotteur. — Procès en perspective.
Dégradation militaire. — Ruine certaine.
Déjeuner. — Réunion d'amis.
Délire. — Retard dans les affaires.
Démangeaison. — Argent qui arrive.
Démenti. — Amis en danger de mort.
Démolition. — Construction démolie.
Dénonciation. — Manque de prudence.
Dentelle. — Vous deviendrez très riche.

Dentiste. — Préjudices causés par des mensonges.

Dents. — Chagrin; *qui tombent*, mort d'un parent; *arrachées*, affront; *gâtées*, affliction.

Départ. — Retour d'une personne qui vous est chère.

Désert. — Mystère.

Déshabiller (se). — Scandale.

Déshérité (être). — Mauvaise conduite.

Désolation. — Amélioration de votre condition.

Dessin. — Amitié feinte.

Dettes. — Vous réaliserez des bénéfices considérables.

Dévider. — Vous déjouerez un complot ourdi contre vous.

Deuil. — *Pour un homme*, veuvage; *pour une femme*, mort; *pour un célibataire et pour une jeune fille*, mariage.

Diamant. — Fortune gaspillée.

Dinde. — Imbécillité.

Dîner. — Naissance d'un enfant.

Discours. — Vous parlez à tort et à travers.

Disgrâce. — Votre orgueil vous perdra.

Dissection. — Médisance sans profit.

Divorce. — Dissimulation.

Docteur. — Patience.

Doigt. — Dommages; *doigt coupé*, perte d'ami.

Dôme. — Orgueil nuisible.

Domestique. — Infidélité.

Domino. — *A jouer*, perte de temps; *jouer aux dominos*, ruine; *masque*, aide donnée par un inconnu.

Dompteur. — Imprudence.

Donation. — *Offerte*, ingratitude; *reçue*, amitié.

Dortoir. — Vieillesse prématurée.

Dot. — Bonheur conjugal.

Drapeau. — Gloire.

Drogues. — Bon présage.

Duel. — Rivalité dangereuse.

Eau. — *Claire*, heureux présage; *bourbeuse*, fortune compromise; *bouillante*, séparation judiciaire; *bénite*, recommandez-vous à Dieu ; *de Cologne*, maladie cérébrale; *eau-de-vie*, débauche ; *de mélisse*, maladie d'une personne aimée.

Eboulement. — Un affront vous menace.

Ebrancher. — Fortune prochaine.

Ecailles. — *D'huître*, joie; *de poisson*, succès.

Echafaud. — Mauvais penchants.

Echafaudage. — Affaires ruineuses.

Echalotes. — Dévotion.

Echarpe. — Procès.

Echasses. — Fortune menacée.

Echéance. — *Commerciale*, désordre.

Echecs. — *Y jouer*, haine; *y gagner*, tristesse; *y perdre*, réussite.

Echelle. — Perte d'emploi.

Echeveau. — *De fil*, affaires embrouillées; *de soie*, qualités qui assureront votre avenir.

Echo. — Hydropisie.

Eclair. — Discorde grave.

Eclipse. — *De soleil*, perte; *de lune*, dommage de peu d'importance.

Ecluse. — Domptez vos passions.

Ecole. — Ennuis.

Ecorchure. — Escroquerie.

Ecrevisse. — *Crue*, retard dans les affaires; *cuite*, séparation de corps.

Ecrire. — Bonnes nouvelles d'un ami.

Ecureuil. — Vigilance.

Ecurie. — Activité.

Ecuyer. — Opulence acquise par le travail.

Eglise. — Bienfaisance.

Egout. — Déshonneur.

Eléphant. — Protection.

Embarras. — Commerce compromis.

Emeute. — Plaisir dangereux.

Emplâtre. — Maladie.

Emplette. — Perte prochaine.

Emprunt. — Soyez prudent.

Encens. — Parasite.

Enclume. — Travail.

Encre. — Testament qui vous sera favorable.

Enfant. — Fécondité; *enfant mort*, héritage.

Enflure. — Mauvais présage.

Engelure. — Chagrins passagers.

Enigme. — On vous tendra un piège.

Enlèvement. — Spéculation malheureuse.

Ennemi. — Perfidie dont vous êtes menacé.

Enterrement. — Mort prochaine.

Entorse. — Désagrément.

Entreprise. — Soyez actif et judicieux.

Epaulette. — Amour de la gloire.

Epée. — Combat.

Eperon. — Un malheur vous menace.

Epervier. — Profit.

Epinards. — Santé compromise.

Epines. — Sensualité; *en être piqué*, médisance féminine.

Epingles. — Economie.

Eponge. — Faillite.

Equerre. — Injustice.

Escalier. — Profit; *que l'on monte*, ruine; *que l'on descend*, infidélité.

Espion. — Trahison.

Etang. — Joie.

Etoile. — Affliction.

Etouffement. — De grandes peines vous attendent.

Etrennes. — *Données*, joie; *reçues*, peines.

Etui. — Trouvaille.

Evanouissement. — Plaisir éphémère.

Eventail. — Des flatteurs cherchent à vous nuire.

Evêque. — Faveurs assurées.

Excrément. — Argent.

Exécution. — Secours.

Exil. — *Personnel*, chagrin passager; *d'autrui*, chagrin durable.

Facteur. — Vous allez recevoir une lettre que vous attendez impatiemment.

Factionnaire. — Patience.

Faillite. — Succès industriel.

Faim. — *Que l'on éprouve*, indolence.

Faisan. — Opulence.

Fantôme. — *Blanc*, joie; *noir*, peine.

Farine. — Abondance.

Fausse-couche. — Mort d'un petit enfant.

Fausse-monnaie. — Soyez plus circonspect.

Fauteuil. — Fonctions honorifiques.

Faux. — *Instrument*, vous triompherez aisément de vos ennemis.

Faveur. — *Sollicitée*, temps perdu ; *obtenue*, joie éphémère.

Femme. — *Brune*, amour platonique ; *blonde*, richesse ; *rousse*, querelles conjugales ; *enceinte*, bonne nouvelle ; *coquette*, mensonges.

Fenêtre. — *Fermée*, obstacle ; *ouverte*, chance.

Fer. — *Froid*, bonheur ; *rouge*, chagrin ; *fer à cheval*, voyage.

Ferme. — Prospérité.

Festin. — Succès mondains.

Feu. — *Vif*, colère ; *éteint*, pauvreté ; *feu follet*, souvenir de parents morts ; *feu de la Saint-Jean*, promenade champêtre ; *feu d'artifice*, réjouissance.

Feuilles. — Joie ; *qui tombent*, maladie dangereuse.

Fèves. — Tendresse ; *si on en mange*, procès.

Fiançailles. — Mariage prochain.

Fièvre. — Ambition exagérée.

Figues. — *Fraîches*, bonheur ; *sèches*, chagrin ; *sur l'arbre*, plaisir d'amour.

Fil. — Situation modeste ; *que l'on coupe*, intrigues ; *fil d'argent*, inutiles embûches ; *fil d'or*, réussite.

Filet. — Changement de temps.

Filleul. — Ingratitude.

Flageolet. — Amourettes.

Flambeau. — *Allumé*, profit; *éteint*, emprisonnement.

Fleurs. — Tendres messages; *fleurs de lys*, puissance.

Flotte. — Voyage malencontreux.

Flûte. — Probité.

Fluxion. — Longue vie.

Foin. — Réussite assurée.

Foire. — *Où l'on va*, inquiétude; *où l'on est*, embarras; *d'où l'on revient*, incendie.

Folle. — Excellente santé.

Fontaine. — Abondance.

Forêt. — Opulence.

Forteresse. — Plaisir.

Fortune. — Inquiétude; *sur sa roue*, danger.

Fosse. — Mort d'un ami absent.

Fossé. — Abaissement; *où l'on tombe*, prospérité; *que l'on saute*, trahison.

Foudre. — Mort d'un parent.

Fouet. — Chagrins domestiques; *donner des coups de fouet*, ennuis; *en recevoir*, joie.

Four. — *Allumé*, misère; *éteint*, aisance.

Fourche. — Héritage.

Fourchette. — Maux causés par la gourmandise.

Fourmi. — Travail; *fourmis en troupes*, tentation.

Fourrure. — Dépenses exagérées.

Fraises. — *Vues*, jeux innocents; *mangées*, profit inespéré.

Framboises. — Bonne nouvelle.

Franc-maçon. — Bienfaisance.

Frère. — Jalousie.

Froid. — Santé florissante.

Fromage. — *Vu*, chagrin ; *mangé*, sobriété.

Fruits. — *Vus*, félicité ; *mangés*, plaisir suivi de peine.

Fuite. — Vous n'échapperez pas au danger qui vous menace.

Fumée. — Fausse gloire.

Fumer. — *Une pipe*, médiocrité ; *un cigare*, plaisirs éphémères ; *une cigarette*, frivolité ; *la terre*, prospérité.

Fumier. — Abondance ; *si l'on y couche*, déshonneur.

Fusée. — Accident inévitable ; *que l'on tire soi-même*, victoire éphémère.

Fusil. — Malheur domestique ; *tirer un coup de fusil*, satisfaction trompeuse.

Futaille. — *Vide*, prospérité ; *pleine*, prêt à gros intérêt.

Gain. — Héritage.

Galanterie. — *Pour un homme*, santé ; *pour une femme*, inconstance.

Gale. — Mort d'un proche parent.

Galérien. — Audace ; *qui s'évade*, malheur.

Galette. — *Que l'on prépare*, travail récompensé ; *que l'on mange*, indisposition.

Galon. — Orgueil ruineux.

Gangrène. — Mort d'un ami.

Gants. — *Neufs*, bonheur ; *vieux*, contrariétés ; *aux mains*, honneurs ; *par terre*, insulte.

Garde. — *Garde-champêtre*, poursuite judiciaire ;

garde-malade, domestique infidèle; *garde-robe*, profits; *garde-manger*, festins; *garde-feu*, prudence; *monter la garde*, fatigue; *appeler la garde*, confiance; *voir passer la garde*, perte peu importante.

Garenne. — Grandes richesses.

Gâteau. — Contentement.

Gaufres. — *Que l'on prépare*, réconciliation; *que l'on mange*, bonheur domestique.

Gaz. — *Allumé*, succès; *éteint*, honte; *fuite de gaz*, mort prochaine.

Gaze. — Rendez-vous nocturne.

Gazon. — Gain.

Géant, géante. — Triomphe certain.

Gendarme. — Sécurité.

Geôlier. — Emprisonnement; *être geôlier*, surveillance intime.

Gibecière. — Enlèvement de femme.

Gibier. — Dépenses inutiles.

Gigot. — Banquet d'amis qui finit mal.

Giroflée. — Souvenirs de jeunesse.

Girouette. — Esprit inconstant.

Glace. — *Eau gelée*, maladie de langueur; *miroir*, galanterie; *entremets*, richesse.

Glands. — *Que l'on voit*, probité; *que l'on mange* augmentation de fortune.

Gloire. — Infortune.

Gourmandise. — Dissipation.

Goutte. — Santé.

Graisse. — Amour.

Grand'mère. — Considération.

Grand-père. — Affection.

Grange. — *Pleine*, mort ; *vide*, procès perdu.
Grêle. — Perte dans les affaires.
Grenade. — Vous êtes blasé avant l'âge.
Grenier. — Modeste aisance.
Gril. — Maladie de foie.
Grille. — Liberté d'un captif.
Grillon. — Bavardage.
Grimace. — Mensonge préjudiciable.
Groseilles. — *Blanches*, joie ; *rouges*, fidélité.
Grossesse. — Joies maternelles.
Grotte. — Soyez plus discret.
Gué. — Péril ; *passé*, dangers évités.
Guenilles. — Richesse prochaine.
Guêpes. — *Vues*, prospérité ; *qui bourdonnent* médisances ; *que l'on tue*, succès ; *par qui l'on es piqué*, affliction.
Guerre. — Egoïsme.
Gui. — Superstitions.
Guitare. — Faveurs amoureuses.
Gymnastique. — Bonne santé et longue vie.

Habit. — *Neuf*, bonne santé ; *vieux*, contrariétés ; *marchand d'habits*, détresse.
Hache. — Accident grave.
Haie. — Obstacles dont vous triompherez aisément.
Hamac. — Voyage lointain sur mer.
Hanneton —. On vous tend un piège.
Hareng. — Habitudes vicieuses.
Haricots. — *Blancs*, grandes peines ; *rouges*, prospérité ; *verts*, conduite coupable.

Harpe. — *Vue*, envie du bonheur d'autrui ; *dont on joue*, bonheur conjugal.

Hémorragie. — Haine implacable.

Herbe. — *Verte*, tracas ; *sèche*, perte considérable dans le commerce.

Hérisson. — Infortune prochaine.

Héritage. — Vous en aurez un ; *dont on est frustré*, ruine.

Hibou. — Deuil prochain.

Hirondelle. — Voyage prochain.

Homme. — *Grand*, jalousie ; *petit*, conquête ; *blond*, fatuité ; *brun*, faux ami ; *vêtu de blanc*, biens à venir ; *vêtu de noir*, perte considérable.

Hôpital. — *Plein*, épidémie prochaine ; *vide*, état sanitaire satisfaisant.

Horloge. — Ruine.

Huche. — *Pleine*, abondance ; *vide*, misère.

Huile. — Déshonneur de famille.

Huissier. — Vol dont vous serez victime.

Huîtres. — Amitié ; *que l'on mange*, banquet.

Hydropisie. — Grossesse.

If. — Présage de mort.

Illumination. — Réjouissances de famille.

Incendie. — Adversité ; *si vous l'éteignez*, héritage.

Inceste. — Progrès artistiques.

Indigence. — Tristesse.

Indigestion. — Mœurs dissolues.

Infanticide. — Cruauté.

Infidélité. — Réputation perdue.

Infirme. — *L'être*, privations ; *voir un infirme*, jalousie.

Infirmité. — Suicide.

Ingratitude. — Affliction.

Injure. — *Reçue*, votre obligeance est excessive ; *faite à autrui*, bienfait méconnu.

Injustice. — Manque d'indulgence.

Inondation. — Grave accident.

Invention. — Vanité exagérée.

Ironie. — Ennemis puissants.

Italien. — Jalousie.

Ivoire. — Beauté.

Ivraie. — Projets réalisés.

Ivre. — *L'être*, accroissement de fortune ; *voir un homme ivre*, réussite commerciale ; *voir une femme ivre* indisposition.

Jabot. — Gloriole.

Jacinthe. — Vous êtes trop confiant.

Jalousie. — Ingratitude.

Jambe. — Richesse ; *coupée*, santé ; *de bois*, impuissance.

Jardin. — Naissance prochaine.

Jarretières. — Intimité ; *enlever les jarretières d'une mariée*, déception.

Jasmin. — Droiture.

Jeu. — *De cartes*, ruine ; *de boules*, changement de position ; *de dominos*, intrigues ; *de l'oie*, héritage ; *jeux innocents*, union domestique ; *jeux d'enfant*, paix du cœur.

Jouet. — Niaiserie.

Journal. — Instruction.

Juge. — Malice.

Jumeaux. — Maladie d'enfant.

Jupon. — *Blanc*, coquetterie ; *de couleur*, modestie.

Kiosque. — Amourettes.

Labourer. — Bénéfices ; *voir labourer*, nombreuse famille.

Laine. — Famille unie.

Lait. — Fécondité ; *si on le boit*, frugalité.

Laitue. — Maladie cérébrale ; *si on en mange*, soupçons.

Lampe. — *Allumée*, transport d'amour ; *éteinte* ingratitude.

Lampion. — Joie honnête.

Lansquenet. — Querelles domestiques.

Lanterne. — *Allumée*, indécision ; *éteinte*, dispute ; *sourde*, projets déshonnêtes.

Lapin. — *Blanc*, succès ; *noir*, revers ; *que l'on mange*, santé.

Lard. — *Frais*, victoire ; *rance*, adversité ; *fumé*, affliction ; *que l'on mange*, impuissance de vos ennemis.

Larmes. — Gaieté.

Lassitude. — Heureuses entreprises.

Latin. — Soyez discret.

Laurier. — La gloire vous attend.

Lavande. — Estime d'autrui.

Lavement. — *Pris*, ambition déçue ; *donné*, dévouement.

Laver. — Innocence reconnue.

Lavoir. — Souffrances morales.

Layette. — Bonheur paternel ou maternel.

Légumes. — Querelle de famille.

Lentilles. — Astuce.

Lessive. — Conscience tranquille.

Lettre. — *Que l'on écrit*, besoin pressant ; *que l'on reçoit*, heureuse issue d'une affaire.

Lèvres. — *Minces*, méchanceté ; *épaisses*, bonté ; *roses*, santé ; *pâles*, maladie.

Lézard. — Amitié sincère.

Licou. — Suivez les conseils que l'on vous donne.

Lierre. — Ingratitude.

Lièvre. — Billets protestés.

Lilas. — Inconséquence.

Limace. — Couardise.

Lime. — Impuissance de vos ennemis.

Limonade. — Entreprises sûres.

Lin. — Fraîcheur.

Linceul. — Présage de mort.

Linge. — *Propre*, héritage ; *sale*, maladie grave.

Lion. — *Que l'on voit*, protection ; *que l'on tue*, lutte contre un ennemi puissant.

Liquidation. — Affaires prospères.

Lire. — Complétez votre instruction.

Lis. — Innocence.

Lit. — *Bien fait*, ordre ; *mal fait*, désordre ; *lit nuptial*, bonheur de longue durée.

Livre. — Sagesse.

Logement. — *Grand*, présage de misère ; *petit*, héritage important.

Loterie. — Indigence.

Louanges. — *Reçues*, affection; *données*, santé.

Loup. — Un de vos amis vous trompe; *si on le tue*, incontinence.

Loyer. — *Payé*, générosité; *impayé*, mauvais présage.

Lumière. — Sagesse; *si on l'éteint*, aveuglement.

Lune. — *Brillante*, amitié féminine; *obscure*, maladie d'une amie; *ensanglantée*, pèlerinage.

Lunettes. — Mélancolie.

Lustre. — *Allumé*, mariage; *éteint*, divorce.

Lutrin. — Dévergondage.

Luzerne. — Goûts champêtres.

Lyre. — Goûts artistiques.

Macaroni. — Aisance.

Macarons. — Gourmandise.

Machine. — *En mouvement*, activité industrielle; *en repos*, perte de temps.

Magistrat. — Malice.

Main. — *Grande*, générosité; *petite*, avarice; *blanche*, perte; *mal soignée*, profit.

Maire. — *Être*, paix conjugale; *en voir un*, mariage prochain.

Maïs. — *Vu*, prudence; *mangé*, joie.

Maison. — *Vue*, prospérité; *achetée*, bénéfice; *vendue*, perte considérable.

Maîtresse. — Bonheur en amour.

Maladie. — Peine de peu de durée; *maladie secrète*, fortune acquise par des moyens honteux.

Malle. — Départ.

Manchettes. — Honneurs

Manchon. — Dureté de cœur.

Manchot. — Escroquerie.

Manger. — *De la viande*, maladie prochaine; *du pain*, santé; *des légumes*, duperie; *des fruits*, plaisir.

Mansarde. — Amourettes.

Manteau. — *D'homme*, charité; *de femme*, amour,

Manuscrit. — Espoir.

Maquereau. — Services intéressés.

Marais. — Maladie épidémique.

Marbre. — *Blanc*, richesse; *noir*, présage de mort; *taillé*, désordre.

Marché. — Bénéfice.

Marcher. — *Vite*, affaire pressante; *lentement*, souffrances; *avec des béquilles*, présage d'accident.

Marguerites. — Amourettes.

Mari. — Heureux présage.

Mariage. — *Vu*, douleur; *contracté*, ennui.

Marin. — *L'être*, longue maladie; *en voir un*, vous serez trahi par un de vos amis.

Marionnettes. — Faiblesse de caractère.

Marmite. — *Pleine*, aisance; *vide*, labeur infructueux.

Marmiton. — *L'être*, fortune compromise; *en voir un*, gaieté.

Marraine. — Protection inutile.

Marrons. — *Crus*, espoir; *cuits*, réunion d'amis.

Marteau. — Mauvais présage.

Mascarade. — Folie.

Masque. — Hypocrisie.

Matelas. — *Neuf*, joie domestique; *vieux*, maladie.

Mausolée. — Fidélité.

Mauve. — Restitution d'un héritage.

Méchanceté. — Abus de confiance.

Médaille. — Amour partagé.

Médaillon. — Affectueux souvenir.

Médecin. — Présage de mort.

Médisance. — Ennemis impuissants.

Melon. — *Acheté*, bénéfice; *mangé*, succès certain.

Mendiant. — Humiliation.

Menottes. — Emprisonnement d'un parent.

Mer. — *Calme*, prospérité; *agitée*, danger imminent; *tomber à la mer*, maladie.

Mère. — Bonheur parfait.

Merlans. — *Dans l'eau*, gains; *frits*, pertes; *que l'on mange*, convalescence.

Merle. — Médisance.

Mésange. — Héritage.

Messe. — Repentir.

Meubles. — *Riches*, succès; *pauvres*, obstacles.

Meule. — *De blé ou de foin*, prospérité; *de moulin*, aisance; *de rémouleur*, présage de mort.

Meunier, Meunière. — Soyez plus courageux.

Mie de pain. — Mauvaises affaires.

Miel. — Escroquerie; *si on le mange*, heureuse entreprise.

Migraine. — Fatigues mondaines.

Mille-feuille. — Deuil de famille.

Millionnaire. — *L'être*, épargnes; *en voir un*, convoitise.

Mine. — Aisance; *où l'on descend*, chute dangereuse; *d'où l'on remonte*, espérance.

Ministre. — *L'être*, mauvaises nouvelles; *en voir un*, protection; *lui parler*, temps perdu.

Miroir. — Galanterie; *dans lequel on se regarde*, mauvais conseils.

Mitaines. — Maladie prochaine.

Moisson. — Commerce prospère; **Moissonneur**, réussite.

Mollet. — Luxure.

Monnaie. — *D'or*, peine; *d'argent*, profit; *de billon*, fortune considérable.

Moquerie. — Mélancolie.

Morsure. — Jalousie.

Mort. — *D'un homme*, héritage; *d'une femme*, infidélité, *d'un enfant*, naissance.

Morue. — Ignorance; *que l'on mange*, sobriété.

Mosaïque. — Luxe inutile.

Mosquée. — Superstition.

Mouches. — Envie.

Mouchettes. — Spéculations hasardeuses.

Moules. — Déceptions; *que l'on mange*, fatuité.

Moulin. — *En marche*, bonheur; *au repos*, tristesse; *moulin à vent*, espoir; *moulin à eau*, voyage lointain.

Mousse. — *Herbe*, plaisirs champêtres; *matelot*, voyage sur mer.

Moustaches. — *Longues*, prospérité; *courtes*, querelles.

Mouton. — Douceur de caractère.

Muet. — *L'être*, secrets révélés; *voir un muet*, maladie prochaine.

Mulet. — Entêtement.

Muraille. — Mettez un frein à vos passions.

Mûre, Mûrier. — Mauvais ménage; *que l'on mange*, chagrins.

Musette. — Plaisirs innocents.

Musique. — *Que l'on entend*, joie; *que l'on fait soi-même*, bonne renommée.

Myrte. — Estime d'autrui.

Nager. — Santé; *voir nager*, prospérité.

Nain, Naine. — Ennemis impuissants.

Naissance. — Heureux présage.

Nappe. — Ordre; *que l'on met*, festin; *que l'on enlève*, danger.

Natte. — *Tapis*, ennui; *natte de cheveux*, souvenir chèrement gardé.

Naufrage. — *Vu*, soyez plus obligeant pour vos amis; *éprouvé*, funeste présage.

Navet. — Inconstance; *que l'on mange*, maladie.

Navire. — Voir *Vaisseau.*

Nèfles, Néflier. — Honneurs.

Nègre, Négresse. — Sagesse.

Neige. — Cœur pur.

Neveu. — Amis sincères.

Nez. — *Grand*, inconstance; *petit*, espièglerie; *rouge*, ivrognerie.

Nid. — Soucis.

Nièce. — Heureuse vieillesse.

Nœud. — Divorce.

Noisettes. — Économie; *en cueillir*, considération perdue; *en manger*, protection.

Noix. — Pertes.

Nombril. — Maladie prochaine.
Notaire. — Héritage.
Nourrice. — Mort d'enfant.
Nouvelles. — *Bonnes*, malheur; *mauvaises*, estime.
Noyé. — Heureux présage.
Noyer. — *Arbre*, prospérité; *se noyer*, bénéfices.
Nuages. — Chagrins domestiques.
Nudité. — *Personnelle*, mauvaise réputation; *d'autrui*, escroquerie découverte.

Obélisque. — Courage.
Oculiste. — Faute non avouée.
Odeurs. — Fatuité.
Œil. — Tendresse; *œil-de-bœuf*, médisance.
Œuf. — *Frais*, bonne nouvelle; *dur*, mauvais conseils; *couvé*, querelle; *cassé*, chagrin.
Offrande. — Piété.
Oie. — Sécurité; *que l'on mange*, compliments.
Oignon. — Dégoût.
Olive. — Amitié fraternelle.
Olivier. — Prospérité.
Omelette. — Brouille sans durée.
Oncle. — Affection familiale.
Ongles. — *Longs*, bénéfices; *courts*, pertes; *qui tombent*, maladie prochaine; *que l'on coupe*, querelles; *que l'on arrache*, affliction.
Onguent. — Convalescence.
Opéra. — Allégresse.
Or. — Folie.
Oracle. — Prudence.

Orage. — Danger.

Orange. — Mariage; *que l'on mange*, divorce.

Oranger. — *En fleurs*, contentement; *sans fleurs*, ennuis.

Ordures. — Opprobre.

Oreille. — Sécurité.

Orge. — Joie.

Orgie. — Mœurs déréglées.

Orgue. — Paix du cœur; *en jouer*, mort d'un parent; *en entendre jouer*, joie.

Orphelin. — Protection; *que l'on adopte*, esprit sain.

Orties. — Trahison; *en être piqué*, châtiment mérité.

Os. — Présage de mort.

Oseille. — Sécurité.

Osier. — Flatterie.

Oubliettes. — Perte de parent.

Ours. — *Que l'on voit*, ennemi puissant; *que l'on tue*, victoire; *qui vous attaque*, persécution.

Paillasse. — Inconduite; *sur laquelle on est couché*, profonde misère.

Paillasson. — Honnêteté.

Paille. — Abondance; *si l'on y est couché*, indigence.

Pain. — *Blanc*, profit; *noir*, pauvreté; *d'orge*, richesse.

Palais. — *Que l'on voit*, paiements suspendus; *que l'on possède*, bonheur éphémère.

Palmier. — Récompense méritée.

Palpitations. — Maladie prochaine.

Panier. — Économie.

Pantalon. — *Neuf*, pauvreté ; *vieux*, mauvaise conduite ; *mis à l'envers*, infidélité.

Paon. — Fierté mal placée.

Pape. — Estime d'autrui.

Papier. — *En général*, souvenirs ; *à lettres*, nouvelles ; *timbré*, menace de procès.

Papillon. — Légèreté de caractère.

Papillotes. — Succès amoureux.

Paquet. — Présage de voyage.

Paradis. — Bonheur.

Paralytique. — Menace d'accident.

Parapet. — Suicide.

Parc. — Orgueil ; *si l'on s'y promène*, santé ; *si on en est propriétaire*, fortune.

Parents. — Heureux présage.

Pari. — Incertitude.

Parrain. — Protection inutile.

Passeport. — Voyage prochain.

Pâté. — Profits.

Patrouille. — Surveillance active.

Paume. — *De la main*, soucis ; *jouer à la paume*, pertes ; *y voir jouer*, ennuis.

Pauvreté — Tristesse.

Pavé. — Prochain voyage dont l'issue sera heureuse.

Payer. — Considération.

Paysan. — Soyez plus courageux.

Peau. — *Blanche*, confiance ; *noire*, ingratitude.

Pêcher (*Arbre*). — *En fleurs*, joie ; *chargé de fruits*, fortune ; *sans fleurs ni fruits*, tristesse.

Pêcher. — *A la ligne*, affliction ; *au filet*, succès.

Pêcheur. — Confiance méritée.

Peigne. — Embarras commerciaux.

Pèlerinage. — Excès de crédulité.

Pelle. — Travail fructueux.

Pendu. — *L'être*, ruine ; *voir un pendu*, trahison.

Pendule. — Négligence.

Perdrix. — *Vue*, amour ; *que l'on tue*, deuil ; *que l'on mange*, héritage perdu.

Père. — Heureux présage.

Perles. — Richesses.

Perroquets. — Bavardages sans suite.

Perruque. — Vieillesse prématurée.

Persil. — Esprit vif.

Peste. — Misère prochaine.

Pétard. — Soyez moins bruyant.

Peuplier. — Élévation prochaine.

Phtisie. — Mort lente.

Piano. — Goûts artistiques.

Pie. — Cancans.

Pieds. — *Propres*, bonne santé ; *sales*, maladie honteuse.

Piège. — Embûches.

Pierre. — Malheur ; *que l'on jette*, victoire.

Pigeon. — Message d'amour.

Pipe. — Mauvaises habitudes.

Piqûre. — Indisposition.

Pirouette. — Bonne santé.

Pistaches. — Secret livré.

Pistolet. — Vous vous battrez en duel avec un de vos meilleurs amis.

Plage. — Retour à la santé.

Plaidoirie. — Brouille entre associés.

Pleurer. — Vos chagrins vont finir.

Plomb. — Guerre.

Pluie. — *Légère*, profit; *torrentielle*, pertes.

Plume. — *Blanche*, satisfaction; *noire*, embarras; *de couleur*, adversité.

Poêle. — *Appareil de chauffage*, mort certaine; *ustensile de cuisine*, mœurs dissolues.

Poésie. — Vous préférez l'agrément à l'utilité.

Poids. — Légèreté de caractère.

Poignard. — Guet-apens.

Poing. — Rixe.

Poire. — Douceur; *que l'on mange*, joie.

Poirier. — *Sans poires*, tristesse; *chargé de poires*, bonheur conjugal.

Pois. — Mariage prochain.

Poison. — Présage de mort.

Poisson. — Abondance.

Poivre. — Grave maladie.

Pommade. — Votre coquetterie vous nuira.

Pomme. — *Verte*, mépris; *mûre*, espoir; *que l'on cueille*, rivalité; *que l'on mange*, amour illicite.

Pommier. — *Sans pommes*, ruines; *couvert de pommes*, prospérité.

Pont. — Danger; *que l'on passe*, victoire; *qui s'écroule*, maladie.

Porte. — *D'une chambre*, bonheur conjugal; *d'une*

maison, paix domestique; *d'une prison*, chagrin; *d'un jardin*, plaisir éphémère; *si la porte est brisée*, pertes d'argent.

Portrait. — Souvenir.

Potence. — Complots.

Poudre. — Affaires embrouillées.

Poule, Poulet. — Fécondité; *si l'on en mange*, naissance prochaine.

Poupée. — Enfantillage.

Pourpre. — Orgueil.

Poux. — Abondance de biens.

Prairie. — Plaisirs innocents.

Prédicateur. — Suivez les conseils que l'on vous donne.

Prêtre. — Protecteur désintéressé.

Prière. — Ferveur.

Prison. — Méchanceté; *où l'on est*, bonheur.

Prisonnier. — Péril imminent.

Procès. — Amitié rompue.

Procession. — Bonheur durable.

Promenade. — *Solitaire*, tranquillité d'esprit; *avec un homme*, dispute; *avec une femme*, intrigue amoureuse.

Propriétaire. — Orgueil; *l'être*, envie coupable.

Prunes. — *Vertes*, peines; *sèches*, amour trahi; *si on en mange*, tromperies.

Puce. — Ennemis actifs.

Puits. — Réussite.

Punaise. — Même sens que *Puce*.

Pupitre. — *Neuf*, désir de s'instruire ; *vieux*, vieillesse prématurée.

Purée. — Vous serez victime d'une intrigue.

Purgation. — Retour à la santé.

Pyramide. — *Debout*, vieillesse heureuse ; *renversée*, ruine prochaine.

Quai. — Abandon.

Quenouille. — Simplicité d'habitudes ; *si la quenouille est brisée*, paresse.

Querelle. — *D'homme*, jalousie ; *de femmes*, médisance ; *entre mari et femme*, naissance prochaine ; *d'enfants*, joie.

Question. — *Que l'on pose*, indiscrétion ; *à laquelle on répond*, soupçons.

Quête. — Importunité.

Quilles. — Disgrâce ; *si l'on y joue*, perte d'argent ; *renversées*, argent volé.

Quinquina. — Revers de fortune.

Rabot. — Industrie prospère.

Radis. — Egalité d'humeur.

Rage. — Duplicité.

Raie. — *Poisson*, flatterie ; *que l'on mange*, bonne santé.

Raisin. — *Blanc*, distractions ; *noir*, reproches ; *sec*, soucis ; *manger du raisin*, bonne santé.

Ramer, Rameur. — Ingratitude.

Ramoner, Ramoneur. — Probité laborieuse.

Rape. — Usure.

Raquette. — Indécision.

Raser. — Service rendu ; *se raser*, perte de bien.
Rasoir. — Soyez moins défiant.
Rat. — Ennemi caché; *rat de cave*, perte imprévue.
Rateau. — Bonnes habitudes.
Récompense. — *Donnée*, bonnes affaires; *reçue* mauvaises affaires.
Réconciliation. — Amertume dissipée.
Régiment. — Discipline.
Reine. — Héritage.
Religieuse. — Passions endormies.
Religion. — Jalousie.
Renard. — Duperie.
Rendez-vous. — *Donné à autrui*, promesse; *reçu*, refus.
Repas. — *Solitaire*, pauvreté; *pris en compagnie*, abondance.
Repasser. — Economie insuffisante.
Reproche. — *Fait*, Sévérité excessive; *reçu*, faux calcul.
Réservoir. — Sages économies.
Retard. — Vous allez recevoir une lettre.
Retour. — Nouvelles d'un absent.
Réveillon. — Prodigalités ruineuses.
Révolte. — Querelle d'intérieur.
Rhume. — Accès de colère.
Ride. — Dépit.
Rideau. — *Ouvert*, franchise ; *fermé*, dissimulation.
Rival. — Inconstance.

Rivière. — Amour; *sur laquelle on navigue*, heureux voyage.

Robe. — *blanche*, innocence ; *noire*, deuil prochain ; *bleue*, amour; *verte*, espérance; *rose*, confidences.

Rocher. — Fermeté de caractère; *où l'on monte*, travail récompensé; *d'où l'on descend*, embarras d'argent.

Roi. — Elévation.

Roman. — Frivolité.

Ronces. — Amour heureux.

Rose. — *Rouge*, félicité conjugale; *blanche*, candeur; *dans un verre*, mariage prochain.

Rosée. — Bénédiction du ciel.

Rossignol. — Amour de la poésie.

Roue. — Fortune; *brisée*, revers.

Rougeole. — Inquiétude fondée.

Ruban. — Coquetterie coupable.

Ruche à miel. — Industrie.

Ruine. — *D'une bâtisse*, revers ; *personnelle*, embarras momentané.

Ruisseau. — *Limpide*, emploi lucratif; *trouble*, perte d'emploi.

Sable. — Ruine prochaine.

Sabot. — *Chaussure*, modestie ; *jouet*, ennuis domestiques.

Sabre. — Trahison.

Sac. — Economie.

Sage-femme. — Fécondité.

Saignée. — Prodigalité. **Saigner**, honte.

Saindoux. — Douceur de caractère.
Salade. — Joie intime.
Salon. — Aide amicale.
Sang. — Douleur; *perdu*, regrets; *craché*, maladie; *tache de sang*, réussite.
Sanglier. — *Vu*, ennemi acharné; *chassé*, péril; *tué*, victoire; *mangé*, maladie.
Sangsue. — Usurier.
Sapin. — Amour éternel.
Sardine. — *Vue*, sobriété; *pêchée*, travail pénible; *mangée*, maladie.
Satin. — Luxe extravagant.
Saucisse, Saucisson. — Mauvaises fréquentations.
Sauterelle. — Inconduite féminine.
Savate. — Fatigues excessives.
Savon. — Fortune refaite.
Scandale. — Funeste événement.
Scie. — Satisfaction.
Scierie. — Industrie prospère.
Scorpion. — Ennemis cachés.
Secret. — *Gardé*, probité; *trahi*, déshonneur.
Seigle. — Heureuse médiocrité.
Sein. — Accouchement prochain.
Sel. — Esprit.
Semaille. — Richesse.
Semer. — Prévoyance.
Séminaire. — Amour du prochain.
Sentinelle. — Vigilance.
Sérail. — Débauche.
Seringue. — Courte maladie.
Sermon. — Ennuis.

Serpent. — Ennuis cachés.
Serrure, Serrurier. — Vol.
Servante. — Dévouement.
Service. — *Reçu*, dette; *rendu*, devoir rempli.
Sifflet. — Insulte.
Singe. — Infidélité féminine.
Sirop. — Fortune compromise.
Sœur. — Amour pur.
Soie. — Opulence mensongère.
Soldat. — Amour de la patrie.
Soleil. — *Astre*, abondance de biens; *plante*, danger imminent.
Soufflet. — *Donné*, insulte; *reçu*, danger; *instrument*, calomnie.
Souliers. — *Neufs*, bénéfices; *usés*, voyage.
Soupe. — Heureux mariage; *que l'on mange*, économie.
Souper. — Un danger vous menace.
Sourcils. — *Noirs*, dureté; *blonds*, sensibilité.
Souris. — Une femme cherche à vous nuire.
Sous. — *Pièces de monnaie*, chagrin; *si on les compte*, misère prochaine.
Souterrain. — Abus de confiance.
Spectacle. — Gaieté
Squelette. — Maladie mentale.
Statue. — Tristesse.
Sucre. — Situation menacée.
Suicide. — Malheur certain.
Supplice. — Estime d'autrui.
Surdité. — Confiance absolue.
Synagogue. — Hypocrisie.

Tabac. — *A fumer*, présage d'empoisonnement; *à priser*, maladie; *à chiquer*, habitude de saleté.

Tabatière. — *Pleine*, maladie mortelle; *vide*, indisposition.

Table. — *Servie*, malheur; *desservie*, bonheur; *tables tournantes*, heureuse découverte.

Tableau. — Amour de la peinture.

Tablier. — *Blanc*, succès; *sale*, trahison féminine.

Tabouret. — Considération.

Tache. — Mauvaise réputation.

Taffetas. — Opulence mensongère.

Tambour. — Forfanterie.

Tante. — Heureux avenir.

Tapisserie. — Amour honnête.

Tasse. — *Pleine*, déceptions; *vide*, aisance.

Taupe. — Aveuglement.

Taureau. — Amour désordonné; *taureaux qui se battent*, les femmes vous perdront.

Taverne. — Orgie.

Teigne. — Faux amis.

Tempête. — Péril imminent.

Tenture. — Intrigues.

Terrasse. — Voyage d'agrément.

Terre — *Fertile*, épouse modèle; *aride*, épouse insupportable.

Testament. — Prévoyance.

Tête. — *Belle*, humilité; *laide*, orgueil; *blanche*, vénération; *de mort*, deuil.

Thé. — Dévouement.

Thermomètre. — Sentimentalisme.

Thon. — Lointain voyage sur mer.

Tigre. — Ennemi jaloux.

Tilleul. — Tempérance.

Toit. — Spéculation dangereuse ; *d'où l'on tombe,* catastrophe inévitable.

Tombeau, — Deuil prochain.

Tomber. — *Si l'on se relève tout de suite,* honneur ; *dans le cas contraire,* malheur.

Tonneau. — Richesse.

Torrent. — Caractère irascible.

Tortue. — Sage lenteur.

Tour. — *Bâtisse,* captivité ; *outil,* travail récompensé ; *de force et d'adresse,* bonnes nouvelles.

Tourterelle. — Union conjugale.

Toux. — Bavardage.

Travail. — Réussite complète.

Treille. — Abondance.

Trompette. — Amour du bruit.

Troupeau. — *Que l'on voit,* tranquillité ; *que l'on garde,* aisance due à la pratique de l'économie.

Truffe. — Gourmandise.

Truie. — Sensualité.

Truite. — Délicatesse de caractère.

Tulle. — Événement imprévu ; *qui tombe,* événement malheureux.

Tulipe. — Luxe inutile.

Tunique. — *Blanche,* innocence ; *noire,* deuil ; *grise,* amitié ; *verte,* espérance ; *bleue* joie ; *jaune,* abondante récolte ; *rose,* prospérité.

Tuteur, Tutrice. — Protection.

Ulcère. — Immoralité punie.
Uniforme. — Célébrité.
Uriner. — Réussite.
Urinoir. — Bonne santé.
Urne. — *Pleine*, mariage; *vide*, célibat; *funéraire*, deuil prochain.
Usine. — Prospérité industrielle.
Usurier. — Profits honteux.

Vacances. — Changement de position.
Vaccin. — Santé excellente.
Vache. — Infidélité féminine.
Vaisseau. — *Que l'on voit*, danger; *sur lequel on est*, sécurité; *démâté*, péril imminent.
Vaisselle. — *Commune*, heureuse existence; *d'argent ou d'or*, pauvreté.
Valise. — *Pleine*, voyage; *vide*, perte d'argent.
Valse. — Plaisirs suivis de peines.
Vautour. — Rapacité.
Veau. — Nonchalance.
Velours. — Richesse.
Vendanges. — Abondance.
Ver. — Vos ennemis cherchent à vous nuire.
Verglas — Danger.
Vermine. — Richesse.
Verre. — *Plein*, abondance; *vide*, disette.
Verrou. — Peine cachée.
Verrue. — Vices.
Vers à soie. — Amis secourables.
Vésicatoire. — Maladie contagieuse.
Vessie. — Fausse gloire.

Vêtements. — *Blancs*, innocence ; *noirs*, deuil ; *sales*, tristesse ; *riches*, joie.

Veuf, Veuve. — Mariage prochain.

Viande. — *Crue*, joie ; *cuite*, peine.

Victoire. — Refrénez vos passions.

Vieillard. — Vénération.

Vigne. — Manque de pudeur.

Vin. — *Blanc*, récréation ; *rouge*, énergie ; *de liqueur*, gourmandise ; *dans la cave*, fortune ; *en bouteilles*, heureuse vieillesse.

Vinaigre. — *Blanc*, insulte faite à autrui ; *rouge*, insulte reçue.

Violette. — Modestie.

Violon. — Bon ménage.

Vipère. — Ennemis cachés.

Visite. — *Reçue*, amitié partagée ; *faite*, hommage.

Voiture. — Chagrin prochain.

Voix. — *Douce*, amourettes ; *aigre*, dispute.

Vol. — *Larcin*, déshonneur ; *vol d'oiseaux*, nouvelles d'une amie absente.

Volets. — *Neufs*, flatteur ; *vieux*, faux calculs.

Vomissements. — Recouvrements d'objets volés.

Voyage. — *A pied*, retard ; *à cheval*, caractère prompt à la décision ; *en voiture*, fortune ; *en chemin de fer*, péril.

Voyageur. — Heureuse rencontre.

Vrille. — Soyez persévérant.

Wagon. — Exhortation à la prudence.

Yacht. — Liberté d'action.
Yatagan. — Trahison.

Zèbre. — Incapacité.
Zigzags. — Inconstance.

CROYANCES ET PRATIQUES

DES CHASSEURS

CROYANCES ET PRATIQUES
DES CHASSEURS

Le chasseur qui se met en route sera malheureux si la première personne qu'il rencontre est une femme. En tous cas, la rencontre d'un homme d'église, prêtre, moine, ou même simple bedeau, ou croque-mort, est toujours d'un fâcheux augure.

Dans le Tyrol, les balles fondues pendant la nuit de Noël sont infaillibles.

Dans la Frise Orientale, quand un chasseur tire mal, c'est que son fusil est ensorcelé. Pour faire disparaître le maléfice, on charge l'arme avec des grains de sel et on tire en l'air ; ou bien on la frotte avec le sang d'un animal qu'on a tué ; ou bien, on la lave avec une décoction de feuilles de sorbier, ou bien encore avec de l'eau puisée à trois fontaines et additionnée d'un peu de vinaigre.

Dans le grand-duché d'Oldenbourg, une

arme qui n'atteint pas le but devient bonne si on réussit à y faire entrer, de son gré, un orvet vivant et qu'on tue ensuite.

Dans ce même pays, les meilleures chevrotines sont celles que l'on retrouve dans le corps d'un animal qu'on a tué, et dont on se sert pour charger son arme à nouveau.

En Bohême, quand on va à la chasse, on frappe trois fois le seuil de la porte avec le canon de son fusil; alors on est sûr d'atteindre le gibier. Ce moyen, cependant, ne vaut pas celui qui consiste à faire passer une jeune vierge par dessus le canon de son arme.

Celui qui a soin de planter un clou de cercueil à la crosse de son fusil peut-être certain d'être un heureux tireur.

Dans ce même pays, comme chez nous d'ailleurs, c'est une croyance générale qu'il ne faut pas souhaiter bonne chance à un chasseur, car il n'attraperait rien. On lui souhaite donc plutôt le contraire, par exemple, qu'il se brise les jambes. Chez les Grecs modernes, la croyance est la même, et ils l'expliquent par la jalousie des Dieux. C'est d'ailleurs en vertu de cette même croyance aux Dieux jaloux qu'il faut s'abstenir de louer la santé ou la beauté d'un enfant. Il convient de louer à ce sujet le moraliste qui le premier a propagé cette croyance. L'enfant deviendra assez vaniteux, à mesure qu'il deviendra homme, et il n'est pas nécessaire de le stimuler encore par des louanges.

Dans le Tyrol, le chasseur se donne l'œil perçant et du courage dans le danger, quand il porte à son chapeau des plumes d'aigle, dont deux doivent être prises sous la queue de l'oiseau. Aussi celles-ci sont-elles très chères.

En Souabe et en Autriche, quand on a mis trois petits morceaux de pain dans son fusil, le coup ne peut pas être ensorcelé.

En Turquie la chasse est très peu pratiquée et cela tient à une cause religieuse. La religion musulmane, à l'exemple de la religion juive, a mis de nombreuses entraves à l'exercice de ce sport. Un grand nombre d'animaux, tels que le lapin, le lièvre, etc, sont réputés immondes, et, par conséquent, ne peuvent être mangés. Ceux mêmes dont la chair est permise doivent être saignés; s'ils étaient morts dans leur sang, ils seraient considérés comme impurs. Voilà pourquoi les Turcs d'aujourd'hui se livrent peu à la chasse.

Mêlez du suc de jusquiame avec le sang d'un jeune lièvre, cette composition attirera tous les lièvres d'alentour.

Pendez une branche de gui de chêne avec une aile d'hirondelle à un arbre, tous les oiseaux s'y rassembleront de deux lieues et demie à la ronde.

Prenez un hibou que vous attacherez à un arbre, imitez le cri de cet oiseau, et tous les oiseaux des environs viendront en foule pour lui faire la guerre. Vous en tuerez tant que vous voudrez avec du menu plomb.

En Bohême, on prend les cœurs de trois corbeaux et de trois taupes; on les brûle et on mêle la cendre au plomb et aux chevrotines : c'est un excellent moyen de ne pas manquer le gibier.

Celui qui, dans la nuit de la Saint-Jean, va chercher de la verveine et de l'armoise, et les fait bouillir dans du vinaigre pour laver son fusil, sera heureux, surtout s'il mêle à sa poudre un peu d'excrément de bécasse.

Après avoir lavé son fusil avec de l'eau puisée à minuit, on doit le charger de verre pilé et le décharger ensuite, c'est un moyen très sûr de réussir à la chasse.

Quand on tue un sanglier, on doit en conserver la queue, c'est un talisman de premier ordre.

Les chasseurs du xviie siècle regardaient la rencontre d'un capucin comme un fort mauvais présage. L'un deux, chassant un jour sur un terrain très giboyeux, eut le malheur d'apercevoir un capucin. Dès ce moment, il ne put tirer un seul coup juste; et comme on se moquait de lui : « Vraiment, messieurs, dit-il, vous en parlez fort à votre aise; vous n'avez pas rencontré le capucin. »

Dans le Jura (à Frasne) on se garderait bien de tuer un animal quelconque le Vendredi-Saint, et personne ne voudrait manger le jour de Pâques un lièvre qui aurait été tué l'avant-veille, c'est-à-dire le Vendredi-Saint.

SUPERSTITIONS

DES GENS DE MER

SUPERSTITIONS
DES GENS DE MER

En Bretagne, à marée montante, les malades se plaignent d'être plus oppressés et sentent redoubler leurs souffrance. C'est généralement à cette heure que la mort fait le plus de besogne.

La prunelle des chats change de couleur et grandit au commencement du flux.

Quand la mer monte, elle est chargée de venin : mal avisé qui se baigne avant qu'elle descende.

Quand une poule demande à couver, il est sage de ne la mettre sur les œufs qu'à marée basse.

Les marins italiens luttant contre un vent contraire croient le faire changer en lui montrant la partie la moins noble de leur personne. Dans une certaine classe de la société, il est encore d'usage d'en faire autant envers les personnes auxquelles on veut témoigner son mépris. Les gens mal élevés qui ont conservé cette pratique comme une insulte grossière, ne se doutent pas qu'à l'origine ce fut une incantation.

En Poméranie, quand le vent contraire ne cesse pas, il faut jeter par-dessus bord un vieux balai sans manche et cela dans la direction d'où on désire du vent; on l'aura aussitôt. Mais il ne faut avoir recours à ce moyen qu'en cas de nécessité extrême, car on ne peut savoir quelle force aura le vent, et on pourrait peut-être provoquer une tempête.

Quand on a un vent contraire, il ne faut, à bord, ni coudre, ni raccommoder, car autrement on coudrait le vent, et on ne pourrait plus naviguer. Par un bon vent, au contraire, il est opportun de coudre, car ainsi on coud le vent et on le conserve.

On attire et on renforce le vent en sifflant. Il ne faut donc pas siffler à bord par le mauvais temps, car on le rendrait encore plus mauvais.

Au contraire, par un vent faible, il est bon de siffler sur un ton engageant.

Quant le vent est bon, il ne faut pas parler de lui, car il se tourne aussitôt. De même, on ne doit exprimer aucune crainte qu'il tourne bientôt. Mais ce qui est beaucoup plus dangereux, c'est de calculer dans combien de temps on sera au but, car on peut être sûr qu'on s'est trompé dans son calcul et qu'il faudra compter deux fois.

Pour garantir le navire de l'éclair, il faut clouer au grand mât un vieux fer de cheval qu'on aura trouvé.

En Ecosse, quand la mer apparaît phosphorescente pendant une nuit sombre, c'est un présage de mauvais temps, surtout si la vague est houleuse.

Sur les côtes de Normandie, les femmes des pêcheurs dont le retour ne s'effectue pas dans les délais ordinaires, par suite du vent contraire, brûlent un balai neuf, et cela favorise la navigation des marins auxquels elles s'intéressent.

« Quels sont donc ces hommes qui cette
« nuit se faisaient raser. Ne savent-ils donc
« pas qu'il n'est permis à personne de se cou-
« per les cheveux, les ongles et la barbe à

moins que le « vent ne soit en colère contre les flots. » (PÉTRONE, *Satyricon*.)

Si l'on jette une pierre à un navire qui s'éloigne, il se perd et ne revient plus.

Il est de mauvais augure de poser le pied gauche le premier par terre en sortant d'une embarcation ; de même on ne doit pas entrer dans une embarcation le pied gauche le premier.

En Espagne, dans les environs de Cadix surtout, une femme de marin a soin de ne pas placer le balai derrière la porte, la tête en l'air, alors que son mari est sur mer, car ce serait provoquer les plus graves dangers.

En Poméranie, un pêcheur ne doit jamais dire combien il a pris de pièces, autrement il n'aurait plus de bonheur à la pêche. S'il donne une réponse, il doit toujours dire moins, environ la moitié de sa prise réelle, mais jamais davantage.

En Ecosse, avoir des œufs à bord ou un homme mort, amène des vents contraires.

En Cornouailles, parler de lièvre porte malheur. Dans ce pays, il y a des pêcheurs qui renoncent à la pêche quand un lièvre traverse leur chemin.

En Bretagne, faire un souhait en faveur d'un marin ou d'un pêcheur, c'est leur porter malheur. Si ce sont des gens querelleurs et emportés, ils se fâchent; si ce sont des gens pacifiques et bien élevés, ils ne répondent rien.

Les femmes de Leça de Palmeira (Portugal), quand la mer est agitée et que leurs maris sont embarqués, s'approchent de la côte, allument une lampe devant un Saint et vont ensuite jeter le reste de l'huile dans la mer : elles croient par là apaiser la fureur des flots. Les savants d'aujourd'hui ne prétendent-ils pas également que l'huile a la propriété de calmer la mer agitée ?

La superstition qui consiste à tourner au vent contraire la partie postérieure de sa personne n'est pas seulement très répandue chez tous les gens de mer, mais encore elle remonte à une très haute antique. On lit, en effet, dans un ancien récit de voyage : « Le mousse « reçut comme châtiment quinze coups de « martinet... On eut soin de tourner le der- « rière du négrillon du côté d'où l'on désirait

« que vint la brise; et pour être encore plus
« sûr d'avoir du vent de cette partie, un
« homme de l'équipage qui était marié alla se
« frotter la tête sur le bout de la barre du gou-
« vernail, *le derrière d'un mousse et la tête d'un
« cornard* étant les deux meilleurs procédés à
« employer pour faire venir la brise. »

Dans la Seine-Inférieure, pour ne pas avoir le mal de mer, il faut mettre du sel sur sa tête quand on monte à bord.

En Islande, le meilleur remède contre le mal de mer, est de mettre dans ses souliers, au moment où l'on s'embarque, un peu de gazon coupé dans un cimetière.

En Angleterre, il est de mauvais augure pour une embarcation de perdre le seau ou le balai à laver. Les enfants à bord sont regardés comme portant bonheur. Il n'en est pas ainsi des chats, tant s'en faut. Jouer aux cartes à bord, porte malheur.

Dans certains ports du nord de l'Europe, quand on construit un navire, on doit y employer un peu de bois volé pour la quille. C'est un moyen sûr d'arriver à ce que ce navire navigue très bien.

Quand on pose le grand mât d'un nouveau navire, il faut mettre dessous une pièce d'argent, car alors le navire fera de bonnes affaires. Il est surtout bon d'y mettre une vieille pièce de monnaie qui n'a plus cours.

RITES SUPERSTITIEUX

RELATIFS

A LA CONSTRUCTION DES MAISONS

RITES SUPERSTITIEUX

RELATIFS

A LA CONSTRUCTION DES MAISONS

« Quand la cage est terminée, l'oiseau s'envole, » dit un vieux proverbe.

Il faut une victime aux Dieux mythiques, qui prennent possession des bâtiments élevés par la main des hommes. A défaut d'une âme humaine, ils se contentent de celle d'un animal.

En Normandie, dans le canton de Boos, près de Rouen, il n'y a pas plus d'une quinzaine d'années que bien des personnes n'auraient pas consenti à habiter une maison neuve de peur de mourir dans l'année, si préalablement on n'avait égorgé un coq en faisant couler quelques gouttes de son sang sur le seuil.

Dans la commune de Neuville-Chant-d'Oisel,

qui fait partie dudit canton de Boos, on a fait bâtir récemment une nouvelle mairie, et personne ne s'y voulait marier, tant on craignait qu'il n'**arrivât** malheur aux époux. Pour vaincre cette répugnance, le maire laissa opérer, comme à son insu, le sacrifice d'un coq pour consacrer l'édifice.

L'usage, existant en Esclavonie de faire pénétrer dans une nouvelle construction un animal quelconque, repose sur la croyance que le premier qui en franchit le seuil doit mourir. Cette idée sert de base à certaines légendes allemandes et suisses relatives au Diable. Le roi des ténèbres bâtit des ponts et des églises dont la hardiesse et la beauté excitent l'étonnement des masses ; on lui promet, comme salaire, l'âme du premier être qui passera sur le pont ou pénétrera dans l'église ; mais Satan est presque toujours dupé, car c'est à un animal que l'on fait d'abord franchir le pont ; et c'est également un animal qui le premier entre dans l'église. Le Malin est donc forcé de se contenter de l'âme de l'un de nos frères inférieurs.

Un Égyptien veut-il construire une maison, il commence par tuer un mouton sur l'emplacement du futur bâtiment et répand à terre le sang de cet animal.

Dans beaucoup d'endroits il est encore d'usage de jeter quelques pièces de menue monnaie dans les fondations, pour que la propriétaire d'une bâtisse devienne riche.

Il est peu de villes ou de villages en France où l'on n'ait pas encore aujourd'hui l'habitude de mettre une branche de buis béni au sommet d'un édifice dès qu'il est arrivé au degré d'élévation qu'il doit avoir définitivement. Il est aussi d'usage que le propriétaire arrose ce rameau en faisant boire les ouvriers, sans quoi rien ne prospérerait dans la maison.

Si l'on pratiquait des fouilles minutieuses dans les fondations des vieilles maisons que l'on démolit chaque jour sous nos yeux, on y retrouverait souvent des pièces de monnaies; on y retrouverait aussi des médailles commémoratives. Et quand un jour on démolira nos édifices modernes on retrouvera, gravé sur un métal précieux, le nom d'un personnage, un moment illustre, et une inscription latine apprendra aux populations ébahies le nom de ce Dumont, de ce Dupuy, ou de ce Durand qui aura posé la première pierre dudit édifice.

On voit comment les rites se transforment, et aussi comment ils procèdent les uns des autres.

MÉDECINE POPULAIRE

MÉDECINE POPULAIRE

Chez les Romains, on prenait les rognures des ongles des pieds et des mains d'une personne atteinte de la fièvre, et on les amalgamait avec de la cire ; on obtenait la guérison du malade en appliquant ce mélange à la porte d'une autre maison, car aussitôt, le mal faisait élection de domicile dans cette autre maison. (*Pline, trad. Littré, tome* II, *p.* 204.)

Pour vous débarrasser de la fièvre, recueillez les rognures de vos ongles ; rendez-vous, de nuit, dans un bois ; faites choix, entre les plus vigoureux, d'un jeune bouleau ou d'un jeune tremble, pratiquez un trou dans leur tronc ; déposez-y vos rognures d'ongles et bouchez le trou. Le bouleau ou le tremble prendra la fièvre et vous serez guéri.

Dans les Côtes-du Nord, la raclure d'ongle

absorbée dans un verre d'eau guérit de la fièvre.

Les marins du Finistère et du Morbihan sont persuadés que l'eau de mer n'enrhume pas. S'il en était autrement, disent-ils, personne ne voudrait mettre le pied dans une embarcation.

Non seulement elle ne fait aucun mal, mais il n'est pas rare de voir, au contraire, des hommes fortement enrhumés au moment de quitter la terre, se débarrasser comme par enchantement de cette incommodité, si quelque bon paquet de mer vient les tremper comme une soupe.

Il est une maladie redoutable pour les enfants connue sous le nom de rachitisme. L'épine dorsale de ces malheureux se recourbe et aucun médecin au monde, si habile qu'il soit, n'est capable de la redresser. Mais un homme qui serait né le Vendredi-Saint, après midi, et qui serait venu au monde les pieds en avant aurait cependant le pouvoir de redresser la colonne vertébrale de ces infortunés qui n'ont d'autre satisfaction dans ce monde que de porter bonheur à ceux qui touchent leur gibbosité.

En Basse-Bretagne également, le lait de jument blanche est recommandé pour le rhume des enfants, connu sous le nom de coqueluche.

Dans la Cornouailles, pour débarrasser un enfant des quintes de toux qui lui déchirent la poitrine, le moyen le plus simple et le plus usité consiste à faire *moudre la coqueluche.* D'ailleurs rien n'est plus simple que cette opération. On se rend dans le premier moulin venu du voisinage, on assied l'enfant sur la trémie et, aussitôt que la meule a été mise en mouvement, la personne qui a apporté l'enfant récite quelques prières et la coqueluche est moulue.

Dans un très grand nombre de localités, à Paris notamment, quand on a le hoquet, un excellent moyen pour le faire disparaître est de réciter sept fois de suite sans reprendre haleine, la prière suivante :

> J'ai l'hoquet
> Dieu m'l'a fait.
> Doux Jésus,
> Je n'l'ai plus.

La guérison suit presque toujours ce petit traitement facile et peu coûteux.

Dans le monde où les langues mortes sont encore usitées, on a recours à un remède profane qui consiste à réciter six vers de Virgile d'un seul trait. Mais comme ce moyen n'est pas à la portée de ceux qui n'ont pas fait leurs humanités, les esprits simples se contentent de dire sans reprendre haleine : « J'avais un mouchoir à ourler, broder et barlificoter ; je l'ai porté chez l'ourleur, le brodeur et le barlificoteur ; mais l'ourleur, le brodeur et le barlificoteur n'y étant pas, je me suis mis à l'ourler, broder et barlificoter, aussi bien que l'ourleur, le brodeur et le barlificoteur auraient pu l'ourler, le broder et le barlificoter. »

La médecine, qui n'est pas encore parvenue à ajouter un seul remède à la thérapeutique des bonnes femmes anciennes et modernes, nous explique comment opèrent ces formules : « L'arrêt de la respiration interrompt les « spasmes et force l'organe à reprendre le « mouvement mesuré qui lui est naturel. » Grand merci, Monsieur Purgon, et espérons maintenant que vos arrière-petits-fils ne se contenteront pas de nous, dire comment opèrent les remèdes qu'ils n'ont point inventé, mais qu'ils parviendront à en découvrir quelques-uns.

Dans les Vosges, il n'est tumeur qui ne disparaisse rapidement, si l'on prend soin de la frotter avec de la salive.

La corne de pied de bœuf brûlée est un puissant vermifuge.

La corne de pied de porc desséchée et réduite en poudre est souveraine contre les coliques et les tranchées de toutes sortes.

Un excellent moyen de combattre l'épilepsie est de porter au doigt une bague faite avec un morceau de corne blanche provenant du pied d'un âne.

Quand, à la suite d'une maladie, on a perdu la mémoire, il suffit, pour la recouvrer, de porter un sachet renfermant la langue d'une taupe.

Aucune inflammation ne résiste aux frictions faites à l'aide d'un tampon de flanelle sur lequel on a étendu une couche d'onguent composé par parties égales de miel et de poussière de nid d'hirondelle.

Les pertes de sang peuvent être énergiquement combattues par le remède suivant : Verser dans un demi-litre de vin rouge une bonne poignée de la poudre noire que renferment les vieilles vesses-de-loup (que les botanistes appellent *lycoperdons*), ajouter un peu de cannelle à ce breuvage et le faire prendre tiède au malade.

Les engelures doivent être traitées par des emplâtres faits avec de la suie et du vinaigre très fort.

En comptant rapidement pendant qu'une étoile file, on sera garanti de la chassie pendant autant d'années qu'on aura compté de fois.

Mettez sur la poitrine d'un épileptique le nom des trois rois mages, et il sera guéri. Cette recette, que l'on dit infaillible, est indiquée dans le *Rituel de Chartres* : Voici la traduction du passage : « Gaspard porte la myrrhe; Melchior, l'encens ; Balthazar, l'or ; celui qui portera sur lui le nom de ces trois rois sera guéri du mal sacré (*mal caduc* ou *épilepsie*). »

En Bretagne, un excellent moyen de guérir la jaunisse, consiste à prendre des vers de terre et des cloportes, de les faire infuser pendant vingt heures dans du vin blanc et de boire ensuite ce breuvage.

Prenez des limaçons et du romarin, faites macérer le tout ensemble et exprimez le jus de ce mélange. Les femmes qui auront des rides sur le ventre à la suite de grossesse n'auront qu'à se frotter avec ce jus pour que leur peau redevienne aussi unie et aussi douce qu'elle l'était avant leur mariage.

Un excellent remède pour guérir la fièvre quarte consiste à porter sur soi pendant quelques temps un os de mort.

Il va sans dire que celui qui serait porteur de ce talisman serait préservé contre cette maladie.

Dans la Franche-Comté, quand une agonie se prolonge, et que le moribond tarde trop à rendre l'âme, on a coutume de vider son traversin et ses oreillers, parce qu'il peut s'y trouver de la plume de pigeon, et que la plume de pigeon dans les oreillers prolonge indéfiniment les *rancos* (agónie).

Dans ce même pays, quand on est atteint de cette affection terrible qui s'appelle les *écrouelles*, on doit faire un pèlerinage en l'honneur de Saint-Marcoul, que le vulgaire appelle Saint-Malcou à cause de sa spécialité. On doit pendant trois ans ne se nourrir que de laitage et d'œufs. C'est ce qu'on appelle la *diète de Saint-Malcou*. Eh bien, les sceptiques les plus laïques et obligatoires sont obligés de reconnaître que cette médication est bien autrement efficace que les breuvages d'huile de foie de morue ou les préparations d'iode et de fer, même avec addition de viandes rôties et de filet de bœuf saignant.

Il est bon d'ajouter, à l'honneur du grand Saint guérisseur, qu'il dédaigne les offrandes et les présents.

Pour guérir le lumbago, on doit se passer une ficelle de chanvre autour des reins... Mais il faut se rappeler que le chanvre doit être de deux sortes, c'est-à-dire mâle et femelle.

Pour ce qui concerne les brûlures, on doit souffler dessus en disant:

> Feu, perds ta chaleur,
> Comme Judas perdit sa couleur,
> En trahissant le Saint Sauveur.

Les Domfrontais croient fermement qu'en fichant un clou dans un mur, à la hauteur de la partie du corps dont on souffre, le mal quitte le patient pour aller se loger dans le dit clou.

Ils placent également des pierres dans l'embranchement des arbustes et des arbrisseaux, à la hauteur de la partie dolente. Le mal entre aussitôt dans la pierre. Mais celui qui vient à la déplacer hérite de la douleur, à peu près comme le serviteur du prophète Elisée hérita de la lèpre de Naaman.

Dans les Vosges, les nourrices qui veulent faire passer leur lait doivent placer sur leur sein le bonnet de nuit de leur mari.

Pour guérir l'érésipèle, il faut faire fondre neuf gouttes d'un cierge bénit, que l'on fera tomber, à mesure qu'elles fondent, dans le l'eau bénite, et laver la partie malade avec ce mélange.

Pour faire disparaître les verrues, on emploie un des moyens suivants : 1° Mettre autant de petits cailloux qu'on a de verrues dans un petit sac et perdre ce sac sur un grand chemin. La personne qui le ramassera et l'ouvrira aura les verrues qui vous quitteront aussitôt ; 2° Faire mordre les verrues par une grosse sauterelle verte ; 3° Appliquer sur les verrues des pois qu'on enferme ensuite dans un cornet de papier et que l'on jette dans la fosse de la première personne qui vient à mourir ; 4° Laver les verrues à la rosée de mai ; 5° Les laver avec l'écume qui se forme dans les remous des ruisseaux ; 6° Les frotter avec le jus de l'*Éclair* (cette plante est appelée par les botanistes *Chelidonium majus*).

En Bretagne, il faut également exprimer sur ces excroissances le suc âcre renfermé dans les tiges de *Chélidoine jaune*.

En ce pays, un procédé plus original consiste à faire compter ses verrues par quelque naïf. Toutes celles qu'il comptera, il les attrapera.

CE QUI A SURVÉCU

DE LA MAGIE ET DE LA SORCELLERIE

CE QUI A SURVÉCU

DE LA MAGIE ET DE LA SORCELLERIE

Il ne s'agit point ici d'un traité sur l'*Occultisme* ou la *Kabbale* ; il faudrait y consacrer de nombreux volumes. Il y est simplement dit quelques mots sur ce qui reste parmi nous des anciens procédés magiques. Et l'on verra, à propos de la *baguette divinatoire*, que quelques-uns sont encore usités, même dans le monde des esprits forts. Il sera également parlé du Diable et des sorciers, car le Diable et les sorciers ont la vie très dure, puisqu'ils ont échappé à tous les exterminateurs de superstitions.

La magie, dont le nom en langue persane signifie *sagesse*, fut à son origine la science qui enseignait à produire, grâce à une connaissance approfondie des secrets de la nature, des effets tellement extraordinaires qu'ils passaient pour surnaturels.

Aujourd'hui, il y a deux sortes de magies : la magie blanche et la magie noire.

La magie blanche a beaucoup d'analogie avec l'alchimie, elle a surtout pour but de guérir les malades et de prédire l'avenir ; rarement elle évoque les morts ou a recours à de noires opérations.

La magie noire ou diabolique, enseignée par le Diable, et pratiquée sous son influence, est l'art d'évoquer les démons en conséquence d'un pacte fait avec eux, et de se servir de leur ministère pour faire des choses au-dessus de la nature.

Les magiciens d'aujourd'hui s'occupent plus spécialement de magie blanche.

Ce qui suit fera connaître un de leurs procédés.

Baguette divinatoire.

La baguette divinatoire est un rameau fourchu de coudrier, d'aune, de hêtre ou de pommier, à l'aide duquel on découvre les métaux, les sources cachées, les trésors, les maléfices et les voleurs.

« Il y a longtemps, dit M. Collin de Plancy,
« qu'avec une baguette, les habiles gens font
« des prodiges; et depuis le bâton de Moïse,
« tous les enchanteurs ont une baguette. On
« en donne une aux fées et aux sorcières puis-
« santes. Quelques devins de village préten-
« dent encore deviner beaucoup de choses
« avec la baguette. Certains savants, entre
« autre le père Mallebranche, attribuèrent au
« démon les prodiges de la baguette enchantée,
« pendant que d'autres les baptisaient de
« physique occulte ou d'électricité souter-
« raine. »

Le talent de tourner la baguette divinatoire n'est donné qu'à quelques êtres privilégiés. Rien n'est plus facile que d'éprouver si on l'a reçu de la nature. Le coudrier est surtout l'arbre le plus propre. Il ne s'agit que d'en couper une branche fourchue, et de tenir dans chaque main les deux bouts supérieurs. En mettant le pied sur les objets qu'on cherche, ou sur les vestiges qui peuvent indiquer cet objet, la baguette tournera d'elle-même dans la main, et l'on aura un indice infaillible. Certains évêques, dit-on, reconnaissaient au moyen de la baguette, les véritables reliques des saints d'avec les fausses.

Un fait qui n'est pas moins admirable, c'est que la baguette ne tourne que sur les objets où l'on a intérieurement l'intention de la faire tourner. Ainsi, quand on cherche une source, elle ne tournera pas sur autre chose, quoi qu'on passe sur des trésors enfouis ou sur des traces de meurtre. Pour découvrir une fontaine, il faut mettre sur la baguette un linge mouillé. Pour trouver des métaux souterrains, on enchâsse successivement à la tête de la baguettes diverses pièces de métal et c'est un principe constant que la baguette indique la qualité du métal caché sous terre, en touchant précisément ce même métal.

Il y a un moment du jour où l'opération doit être faite. Dès que le soleil paraît à l'horizon, dit l'auteur du *Grand Grimoire*, vous prenez de la main gauche une baguette vierge de noisetier sauvage et vous dites : « Je te somme d'avoir la vertu de la verge de Moïse afin que je puisse découvrir ce que je veux savoir; » et pour la faire tourner il faut la tenir serrée dans ses mains, par les deux bouts qui forment la fourche, en indiquant ce qu'on veut savoir.

Les esprits forts, habitués à contrôler les données de leurs sens par le raisonnement, ne manqueront pas de remarquer, si ces lignes leur tombent sous les yeux, que ces pratiques déraisonnables ou superstitieuses ne peuvent être prises au sérieux que par les simples et les ignorants, Il faudrait alors qualifier tels les plus illustres personnages de la République actuelle.

C'était sous le *Grand Ministère*, une dame Cailhava fut autorisée à entreprendre, sous la surveillance d'un architecte des Domaines, des recherches dans la basilique de Saint-Denis, où elle espérait découvrir d'immenses trésors enfouis dans le sol à l'époque de la Terreur. Pour rendre hommage à la vérité, il faut reconnaître que les tentatives de Mme Cailhava demeurèrent infructueuses et que, pour couper court à des risées et à des sarcasmes qui commençaient à devenir gênants, même pour un Grand Ministère, l'autorisation fut retirée à la Magicienne.

Ceux qui voudraient continuer les recherches de Mᵐᵉ Cailhava doivent savoir qu'il faut dire en tenant la fourche ainsi que cela a été expliqué :
« Je te commande, au nom d'Éloïm, Murathon, Adonay et Sémiphoras, de me révéler, etc... »

Le marc de café.

L'art de lire l'avenir dans le marc de café ne nous a peut-être pas été légué par les Mages d'Orient ; quoi qu'il en soit, il est trop pratiqué par les Sibylles modernes pour qu'il n'en soit pas dit un mot ici.

Les préparatifs de l'*Art de lire les choses futures dans le Marc de café* sont extrêmement simples. Ils sont ainsi exposés par M. Collin de Plancy :

Vous laisserez dans la cafetière le marc que le café y a déposé ; vous aurez soin de verser toute la liqueur, de manière que le marc reste épais au fond de la cafetière, et vous le laisserez reposer au moins une heure. Le marc de la veille est également propre à l'opération ; et, qu'il soit vieux ou frais, il a des résultats toujours sûrs, pourvu qu'il soit à peu près sec quand vous voulez l'employer. Alors vous prendrez la cafetière où il se trouve, vous jetterez un verre d'eau sur le marc, si c'est le reste d'une once de café; et deux grands verres d'eau, si c'est le marc de deux onces.

Vous mettrez ensuite la cafetière au feu; vous ferez chauffer le marc jusqu'à ce qu'il se délaie dans l'eau. Vous aurez une assiette de terre de pipe, blanche, sans tache, bien essuyée et séchée au feu, si le temps est humide. Vous remuerez d'abord le marc dans la cafetière avec une cuillère ; vous le verserez ensuite sur l'assiette, mais en petite quantité et de façon à ce qu'il n'emplisse l'assiette qu'à moitié. Vous agiterez alors l'assiette en tous sens, avec autant de légèreté que vous le pourrez, pendant l'espace d'une minute ou à peu près ; ensuite vous répandrez doucement tout ce qui se trouve sur l'assiette, dans un autre vase.

Par ce moyen, il ne reste point d'eau dans l'assiette, mais des particules de marc de café disposées de mille manières et formant une foule de dessins hiéroglyphiques. Si ces dessins sont trop brouillés, que le marc soit trop épais, que votre assiette ne ressemble pas à une mosaïque irrégulière, vous remettrez un peu plus d'eau dans le marc, vous le ferez chauffer de nouveau, et vous recommencerez l'opération. On ne peut lire les secrets de la destinée que si les dessins de l'assiette sont clairs et distincts, quoique très pressés.

Les bords sont ordinairement plus épais : il y a même souvent des parties très embrouillées dans le milieu ; mais on ne s'en inquiète point, et on peut *deviner* quand la majeure partie de l'assiette est déchiffrable.

Le temps est contraire à cette divination quand il est humide ; mais on a un moyen d'obvier à cet inconvénient, c'est de bien sécher l'assiette dont on veut se servir, et de la laisser un quart d'heure auprès du foyer.

Le marc de café, après qu'on l'a versé de l'assiette, y laisse diverses figures qui sont toutes significatives. Il s'agit de les démêler ; car il y a des courbes des ondulations, des ronds, des ovales, des carrés, des triangles, etc.

Si le nombre des *ronds* ou cercles, plus ou moins parfaits, l'emporte sur la quantité des autres figures, ce signe annonce que la personne recevra de l'argent. S'il y a peu de ronds il y aura un peu de gêne dans les finances de la personne qui consulte.

Des figures carrées annoncent des désagréments, en raison de leur nombre. Des figures ovales promettent du succès dans les affaires, quand elles sont nombreuses ou distinctement marquées.

Des lignes, grandes ou petites, quand elles sont saillantes ou multipliées, présagent une vieillesse heureuse. En petit nombre, elles annoncent l'aisance et la médiocrité de fortune.

Les ondulations, ou lignes qui serpentent, annoncent des revers et des succès entremêlés. Si les ondulations se terminent doucement, elle promettent le bonheur, après quelques peines.

Une croix au milieu des dessins de l'assiette, promet une mort douce; quatre croix qui se touchent presque annoncent que la personne mourra entre 40 et 45 ans, si c'est une dame ; entre 48 et 52, si c'est un homme. Trois croix présagent quelques honneurs. S'il se trouve dans l'assiette un grand nombre de croix, on deviendra dévot après la fougue des passions, et on se tourmentera de diverses austérités dans sa vieillesse.

Un triangle promet un emploi honorable. Trois triangles, à peu de distance l'un de l'autre, sont un signe extrêmement heureux pour la fortune. En général, cette figure est de bon présage : en petit nombre, c'est quelque honneur; en grand nombre, c'est de l'argent.

Un angle, composé d'une petite ligne appuyée sur une ligne plus longue, est l'indice d'une mort malheureuse.

Une figure qui aurait la forme d'un H, annonce un emprisonnement.

Un cercle à plusieurs faces, c'est-à-dire composé de plusieurs angles écrasés et réunis, annonce un heureux mariage. Un carré long, bien distinct, promet des discordes dans le ménage. Si le carré est environné de croix plus ou moins parfaites, la femme se tachera de quelque infidélité. L'homme commettra la même faute, s'il se trouve plusieurs angles autour du carré long.

Si vous apercevez, au milieu des dessins de l'assiette, une raie un peu large, moins chargée que le reste, c'est un chemin qui vous annonce un voyage.

Un rond, dans lequel se trouve quatre points bien marqués, promet un enfant. Deux ronds en promettent deux, et ainsi de suite. Si le rond forme un cercle à peu près parfait, l'enfant qu'il annonce sera un garçon. Ce sera une fille, si le rond est imparfait. Un de ces ronds qui renferment quatre points, s'il est accompagné d'une ligne courbe et onduleuse, c'est le présage infaillible que l'enfant attendu aura de l'esprit. Si cette courbe onduleuse formait un second cercle autour du rond dont il s'agit, on pourrait raisonnablement attendre de l'enfant, du génie ou un esprit très original.

Si vous découvrez dans l'assiette la figure d'une maison à côté d'un cercle, attendez-vous à un héritage.

Si vous trouvez la forme d'une couronne, elle vous annonce des succès dans le monde. Si vous voyez des losanges, vous serez heureux en amour. Si vous distinguez plusieurs figures plus ou moins rondes, attachées l'une à l'autre comme les grains d'un chapelet, vos amours seront gênées, et vous ne surmonterez les obstacles que si vous trouvez un triangle au bout du chapelet.

On rencontre aussi, bien souvent, la figure d'un ou de plusieurs petits poissons ; ils annoncent qu'on sera invité à quelque dîner.

La figure d'un animal à quatre pattes promet de la misère et des peines.

La figure d'un oiseau présage de la fortune et un coup de bonheur. Si l'oiseau semble pris dans une sorte de filet, c'est un procès qu'on vous intentera dans peu de temps.

La figure d'un serpent ou de tout autre reptile annonce une trahison ou quelque complot contre vous. La forme d'une roue est le signe d'un accident. Si vous voyez une espèce de coffre, vous recevrez une lettre.

Le forme d'une voiture attelée annonce une mort violente. Un fusil présage des affaires embrouillées.

Une fenêtre, ou plusieurs ronds, carrés, ovales et toutes autres figures jointes ensemble, de manière à former une espèce de croisée, vous avertissent que vous serez volé.

Si vous découvriez, dans les dessins de votre assiette, un chiffre très distinct, vous pourrez le hasarder à la loterie (aujourd'hui sur un cheval de course). L'expérience prouve que le chiffre annoncé de cette sorte sort presque toujours de l'urne. Mais il faut bien examiner si le chiffre est marqué exactement, et ne pas prendre une figure insignifiante pour un signe qui doit être nettement prononcé.

Si un jeune homme fait l'opération du marc de café, et qu'il trouve dans les dessins de l'assiette une figure de femme tenant ou semblant tenir un bâton, ce jeune homme succombera aux séductions d'une femme galante. Le même sort est annoncé à une dame ou demoiselle qui ferait l'opération, et qui verrait dans l'assiette un homme tenant ou paraissant tenir un bâton ou une épée; car cet homme est un séducteur dangereux.

Si vous découvrez une femme, et auprès d'elle une fleur quelconque, vous avez une amie estimable.

Si vous voyez un homme monté sur un cheval, ou sur un âne, ou sur tout autre quadrupède, c'est preuve qu'un homme estimable fait pour vous de grandes démarches. Si c'est une femme à cheval sur quelque bête de somme, une dame ou une demoiselle fera pour vous bien des extravagances.

Quand vous apercevrez trois figures d'hommes l'une auprès de l'autre, attendez-vous à quelque emploi honorable. Si les trois figures sont des dames, préparez-vous à quelque emploi lucratif.

Si vous distinguiez une couronne de croix, un homme de vos parents mourrait dans l'année. Une couronne de triangles ou de carrés annonce la mort d'une de vos parentes, également dans l'année qui court.

Un bouquet composé de quatre fleurs ou d'un plus grand nombre, est le plus heureux de tous les présages ; et si vous découvriez quelque triangle dans le voisinage du bouquet, vous seriez le plus fortuné de tous les hommes.

Les superstitions et les légendes relatives au Diable sont trop nombreuses pour qu'il en soit parlé ici tout au long, mais il est néanmoins nécessaire d'en dire quelques mots.

La possession démoniaque.

Il faudrait un gros volume pour énumérer, même sommairement, toutes les croyances relatives à la possession du Diable. La folie, l'épilepsie, la rage, la catalepsie, l'hystérie, n'ont pour beaucoup de personnes d'autres causes que l'action du Démon qui s'est emparé de l'âme et est entré dans le corps du patient. « L'agitation furieuse du malade, dit M. Maury, les hallucinations auxquelles il est en proie, les cris qu'il pousse, l'aspect sinistre et effrayant que prennent ses traits, le désordre de ses mouvements, les paroles étranges qu'il prononce, tout cela doit bien sembler la preuve qu'un Esprit malfaisant s'est emparé de sa personne. »

Incubes et Succubes.

Les démons prennent quelquefois la forme humaine pour se mêler aux hommes et aux femmes. Les Incubes sont des démons lascifs et paillards qui se mêlent avec les femmes et les filles. Les Succubes sont des démons femelles qui se mêlent avec les hommes. Des rapports abominables de ces êtres avec les humains, naissent souvent des enfants; ce ne sont pas toujours des êtres difformes et monstrueux, mais le plus souvent des individus qui ont le génie du mal et qui étonnent par leur précocité dans tous les vices. On les appelle Cambions (V. page 105).

Loup-Garou.

Le loup-garou est un homme ou une femme métamorphosé en loup par enchantement diabolique. Un garnement, qui voulait jadis mettre les gens en fuite en se faisant passer pour un loup-garou n'avait pas à se déguiser d'aucune manière, il n'avait pas besoin non plus d'avoir la figure d'un loup, puisque les loups-garous de réputation étaient arrêtés comme tels quoique sous figure humaine. On croyait alors qu'ils portaient le poil de loup entre cuir et chair.

Il existe de nos jours beaucoup moins de loups-garous qu'autrefois, mais ils ont l'honneur d'être admis par la Science la plus sérieuse, qui les appelle *Lycanthropes*. Laissons donc la parole à la Science :

« La *Lycanthropie* est une espèce particulière d'aliénation mentale ou de délire mélancolique, dans les accès duquel les malades, s'imaginant être changés en loups, hurlent comme ces animaux, fuient, le jour, la compagnie des hommes, courent, la nuit, à travers les champs, et quelquefois livrent combat aux bêtes féroces. Les gens atteints de Lycanthropie sont habituellement tristes et rêveurs, ils ont le visage pâle, les yeux caves, la langue et la bouche desséchées par une soif immodérée. J.-J. Rousseau fut atteint de Lycanthropie ; seulement on oublie de nous dire à quel âge il fut atteint de cette folie, et les profanes ignorent lesquelles de ses œuvres sont le produit du *Génie* (?) et lesquelles sont celles du fou.

Exorcismes.

Les prêtres des religions reconnues et salariées par l'Etat, procèdent encore de nos jours à des exorcismes, c'est-à-dire à des cérémonies ayant pour but de chasser les Démons et les mauvais Esprits du corps des possédés.

Celui qui veut être débarrassé du Diable doit premièrement jeûner trois jours, faire chanter quelques messes, et dire plusieurs oraisons; ensuite appeler un prêtre bien dévot. Cela se ferait encore mieux par un moine bien mortifié et déchargé de tous les tracas de ce monde.

Il n'y a pas bien longtemps, on exorcisait un pauvre homme qui avait le malheur d'être possédé du Diable; l'ange déchu se montrait fort récalcitrant, et les *oremus*, l'eau bénite et les conjurations ne pouvaient le décider à déloger. Enfin, poussé à bout par les constants efforts d'un moine, qui le tourmentait habilement, il se vit obligé de demander quartier, et supplia que, pour toute grâce, il lui fût permis, puisqu'on le chassait de son domicile, de faire au moins un tour dans le corps du Suisse, pour le châtier de quelques indévotions toutes récentes. C'était une demande assez raisonnable, et le moine, qui aimait les bonnes manières, qui ne savait rien refuser quand on le priait honnêtement, qui approuvait d'ailleurs les pieuses intentions de l'Esprit, et se réjouissait charitablement de donner une petite leçon au Suisse, accorda au postulant la satisfaction qu'il demandait, à condition qu'il entrerait par la porte de derrière. Mais le Suisse, tremblant pour ses entrailles, s'assit au plus vite dans le bénitier ; et, tenant d'une main le goupillon, et de l'autre sa pique en arrêt, il attendit le Diable de pied ferme, et lui cria : « *Entre à présent si tu l'oses, cousin Judas; j'ai préparé la sauce.* » De sorte que, ne pouvant faire son chemin avec cet homme-là, le Diable se retira en gémissant.

Les personnes qui ont l'haleine fétide — et Dieu sait si elles sont nombreuses — sont les meilleurs exorcistes ; c'est ce qu'exprime le quatrain suivant :

> Un exorciste, ayant la bouche fort puante,
> Voulait d'un corps humain faire un démon sortir,
> Il le chassa, non tant de sa voix conjurante,
> Que de la puanteur qu'il lui faisait sentir.

Sorciers.

Les sorciers sont des gens qui, avec le secours des puissances infernales, peuvent opérer les choses les plus extraordinaires.

Il y a encore quelques sorciers de nos jours puisque la justice en condamne quelques-uns de temps à autre afin de ne pas en perdre l'habitude. D'ailleurs dame Thémis a trouvé jadis un moyen infaillible pour reconnaître ces suppôts du Diable, le voici : Prenez un sorcier, liez-lui les pieds et les mains et jetez-le ainsi garrotté dans une eau profonde. S'il surnage, il ne reste plus qu'à le brûler vif, car c'est bien un criminel puisque *l'eau des épreuves* l'a rejeté de son sein. Si, au contraire, il est innocent, il s'enfoncera au fond du liquide où il s'endormira du sommeil du juste. Brid'oison, aujourd'hui, ne trouverait pas de plus ingénieux dilemme.

Si ce moyen semblait par trop radical, on pourrait convaincre les sorciers :

1° Par leur propre aveu ;

2° Par les révélations de leurs complices ;

3° En trouvant chez eux quelques-uns des accessoires qui servent aux maléfices (philtre, venin, chauve-souris, crapaud, horties, etc.);

4° En trouvant sur eux la *Cédule* par laquelle ils se sont liés au Démon;

5° Si une personne qu'ils ont menacée d'un mal était subitement atteinte de ce mal;

6° S'ils ont été surpris faisant des *onctions* à des êtres humains ou à des animaux.

Il a été écrit d'innombrables volumes sur la sorcellerie, et cette croyance a été assez enracinée chez nos pères, puisqu'en l'espace de dix-huit ans, au xviiie siècle, les tribunaux ont condamné à la peine de mort 106,294 individus coupables de sorcellerie. L'étendue de ce livre ne permet que de dire quelques mots des sorciers.

Le sabbat.

Le Sabbat est l'assemblée des Démons, des sorciers et des sorcières dans leurs orgies nocturnes. On s'y occupe ordinairement à faire ou à méditer du mal, à préparer des maléfices ou des mystères abominables. Les assistants s'y livrent à des danses effrénées et obscènes, ainsi qu'à de monstrueux accouplements. Ils font des conjurations et jettent des *sorts* sur les gens et sur le bétail.

Le Sabbat se tient dans un lieu sauvage, auprès d'un lac ou d'un étang. Le lieu qui sert à ce rassemblement reçoit une telle malédiction qu'il n'y peut croître ni herbe ni autre chose.

La nuit la plus propice aux convocations est celle du vendredi au samedi.

Les sorciers et les sorcières portent une marque qui leur est imprimée par le Diable, entre les fesses, ou dans quelque autre lieu secret; cette marque, par un certain mouvement intérieur qu'elle leur cause, les avertit de l'heure du ralliement. Lorsque l'heure du départ est arrivée, après que les sorciers ont dormi, ou tout au moins fermé un œil, ce qui est d'obligation, ils se rendent au Sabbat, montés sur des bâtons, ou sur des manches de balai; ou bien des Diables subalternes les y transportent, sous des formes de boucs, de chevaux, d'ânes ou d'autres animaux. Ce voyage se fait toujours en l'air. Il est bon de remarquer encore que l'on doit sortir par la cheminée, à moins qu'on ait obtenu une dispense du Président, ce qui n'est pas toujours facile.

Lorsqu'on est arrivé au Sabbat, la première chose est d'aller rendre hommage à *Maître Léonard*. Il est assis sur un trône infernal, ordinairement sous la figure d'un grand bouc. Alors il a sur la tête une corne lumineuse; ses cheveux sont hérissés, ses yeux ronds; sa barbe est celle d'une chèvre, ses pieds sont en pattes d'oie, sa queue est longue comme celle d'un âne. Mais ce qu'il a de plus singulier, c'est qu'il porte sous cette queue un visage d'homme noir que tous les sorciers de l'un ou de l'autre sexe doivent baiser en arrivant au Sabbat.

Envoûtement.

L'envoûtement est une des horribles machinations auxquelles se livrent les sorciers

Envoûter veut dire reproduire les traits de quelqu'un, du latin *vultus* qui signifie visage. Les sorciers donc reproduisent en cire la figure de leurs ennemis, la piquent, la tourmentent, la fondent devant le feu, afin que les originaux vivants et animés ressentent les douleurs provoqués par tous ces traitements.

Philtres.

Les sorcières préparent des philtres pour provoquer des désordres amoureux, pour exalter l'appétit génésique ou, en d'autres termes, la lubricité.

Tantôt elles emploient la cantharidine c'est-à-dire une substance cristalline, blanche, se dissolvant très bien dans l'alcool chaud, dans l'éther à la température ordinaire, mais dont le meilleur dissolvant est le chloroforme à toutes les températures. La cantharidine provient de la poudre que l'on obtient en pilant les mouches cantharides. Un kilogramme de ces insectes produit en moyenne de quatre à cinq grammes de cantharidine. Une goutte dans un verre d'eau constitue un philtre des plus efficaces. Afin d'en rendre l'absorption agréable, on peut ajouter à ce mélange un sirop quelconque.

Les philtres peuvent aussi être préparés avec de l'*Haschischine*, aussi appelée *Cannabine*. C'est avec le chanvre de Perse ou des Indes-Orientales que l'on fait la Cannabine. Ce mot veut simplement dire extrait de chanvre : du latin *Cannabis*, chanvre. C'est avec les fleurs femelles de cette plante que l'on obtient la Cannabine. C'est une espèce de résine qui se vend sous forme de petites boules chez les droguistes.

Aiguillette.

Entre autres maléfices, les magiciens et les sorciers pratiquaient jadis — et peut être encore aujourd'hui — le *nouement de l'aiguillette*. Aussi ces maudits personnages qui portent tous quelque part la marque satanique, ont-ils été longtemps redoutables aux nouveaux époux.

L'Église elle-même s'en est émue, à tel point que le cardinal du Perron fit insérer dans le rituel d'Évreux de sages prières contre l'aiguillette nouée.

« Au XVI° siècle, dit Delancre, le nouement « de l'aiguillette devient si commun, qu'il n'y a « guère d'hommes qui s'osent marier qu'à la « dérobée. On se trouve lié sans savoir par « qui, et de tant de façons, que le plus rusé « n'y comprend rien. Tantôt le maléfice est « pour l'homme, tantôt pour la femme, ou « pour tous les deux. Ici c'est pour un jour, « là pour un mois, ailleurs pour un an. L'un « aime et est haï ; les époux se mordent et « s'égratignent quand ce vient aux embrasse- « ments, ou bien le diable interpose entre « eux un fantôme qui les empêche de se « joindre... »

Notre auteur compte douze manières d'être lié ; la plupart sont si indécentes qu'il est impossible de les transcrire ici : il peint l'embarras des époux dont les organes ne se trouvent plus à leur place.

En 1718, le Parlement de Bordeaux condamnait à être brûlé vif un malheureux, convaincu, dit l'arrêt, d'avoir lié non seulement un seigneur de bonne maison, mais la dame son épouse, sa femme de chambre et ses servantes, ce qui faisait désolation.

« Une sorcière, voulant exciter une haine mortelle entre deux amants, écrivit sur deux billets des caractères inconnus, et les fit porter chez eux. Comme ce charme ne produisait pas assez vite l'effet qu'elle désirait, elle écrivit pour la seconde fois les mêmes caractères sur du fromage qu'elle leur fit manger; puis elle prit un poulet noir qu'elle coupa par le milieu, en offrit une part au Diable, et leur donna l'autre qu'ils mangèrent. Cela les excita tellement qu'ils ne pouvaient plus se regarder l'un l'autre. »

Parfois, l'infâme sorcière cherche à mettre à profit la fureur amoureuse qu'elle a su provoquer par un philtre. Au lieu de la haine elle se contente d'apporter l'oubli; elle met les mariés en tel défaut de mémoire qu'ils semblent ne s'être jamais connus. Écoutons Delaure :

« Un jeune homme d'Étrurie devient si amoureux d'une sorcière qu'il abandonna sa femme et ses enfants pour venir demeurer avec elle, et continua jusqu'à ce que sa femme, avertie du maléfice, l'étant venue trouver, fureta tellement dans toute la maison de la sorcière, qu'elle découvrit sous son lit le sortilège : c'était un crapaud enfermé dans un pot, ayant les yeux cousus et bouchés ; les lui ayant ouverts elle le fit brûler. Aussitôt l'affection qu'il avait autrefois pour sa femme et ses enfants revint tout à coup à la mémoire du mari qui s'en retourna immédiatement chez lui et redevint un père et un époux modèle. »

On prévient ce maléfice en portant un anneau dans lequel est enchâssé l'œil droit d'une belette, ou en mettant du sel dans sa poche, ou des sous marqués dans ses souliers, lorsqu'on sort du lit pour aller à l'autel ; ou, selon Pline, en frottant de graisse de loup le seuil et les montants de la porte qui ferme la chambre à coucher des époux.

Chevillement

Le chevillement est une sorte de maléfice employé par les sorciers et surtout par les bergers. C'est un envoûtement d'un mode particulier. La personne chevillée ne peut plus évacuer les matières solides ou liquides qui ont servi à l'entretien de l'organisme.

Le nom de ce maléfice lui vient de ce que, pour le faire, on se sert d'une cheville de bois ou de fer qu'on plante dans la muraille, en disant, après maintes conjurations : « Que ceci que je bouche soit bouché en mon ennemi ».

Le Diable, qui parfois aime à se divertir, chevilla un jour la seringue d'un apothicaire, si l'on en croit la *Légende dorée*, en fourrant invisiblement sa queue dans le piston. L'homme de l'art, voyant que la drogue laxative ne voulait pas sortir pour le soulagement du malade, fut pris d'un désir irrésistible de souffler dans la canule; mal lui en prit, car il fut contraint d'avaler le lavement.

Pour empêcher l'effet de ce charme, il faut cracher sur le soulier du pied droit avant de s'en chausser.

INDEX ALPHABÉTIQUE

RENVOYANT A LA PAGE OU L'ON TROUVE :

Ce qui porte bonheur.

	Pages		Pages
Abracadabra	3	Chance au jeu	28
Amaranthe	149	Cigogne	130
Améthyste	156	Coccinelle	131
Amiante	156	Cochon	131
Amulettes	4	Corail	157
Angélique	149	Corde de pendu	10
Anguille (Cœur d')	119	Cordon ombilical	110
Animal (Sacrifice d'un)	273, 274	Corneille	95
Anneau	6, 7	Couronne de baptême	108
— magique	7	Couteau de la femme aimée	21
Araignée	122, 123	Crapaud (Pendaison d'un)	122
Arc-en-ciel	9	Croûte de lait	108
Aubépine	110, 180	Diamant	157
		Douze	23
Bagues de Saint-Hubert	4, 7	Epingle	25
Balai (Incinération d'un)	265	Eternuement	25
Bâtardise	103	Etoile filante	26
Belette	125		
Bois volé	268	Fer à cheval	26, 265
Bosse	13	Fusil	156, 157, 158
Bouc	122, 125		
Buis bénit	275	Grossesse	27

INDEX ALPHABÉTIQUE

	Pages		Pages
Jeu de cartes	28	Pain	3
		Pain noir (*Morceau de*)	5
Lampe	28	Postérieur (*Présentation du*)	263, 267
Laurier	151		
Lézard (*Queue de*)	140		
Lilas à cinq feuilles	151	Saleté (*Pied dans la*)	34
Livres (*Contre le vol des*)	30	Sanglier (*Queue de*)	259
		Sel	263
Marc de café (Voir les présages tirés du)	296	Sept	33
Monnaie (*Pièce de*)	111, 269, 275	Sou percé	35, 107
Œuf	41, 43	Taupe (*Peau de*)	107, 145
Ongles d'un mort	84	Trèfle à quatre feuilles	152
Opale	158		
Orvet	156	Vent (*Moyens de le rendre favorable*)	263
Os d'un mort	285		

Ce qui porte malheur.

	Pages		Pages
Abeilles (*Médisance envers les*)	118	Cadavre à bord	266
Aiguille	4	Café (*Sucre dans le*)	11
Ane (*Rencontre d'un*)	118	Chandelle (*Extinction de la*)	15
Animaux (*Attelage, mise à mort, etc.*)	119	Charrue (*Enjambement de la*)	15
Année climatérique	168	Chat (*Queue du*)	126
Antipathie	7	Cheveux (*Coupe des*)	265
Arc-en-ciel	9	Chiens (*Hurlement des*)	167
		Cloche (*Tintement de*)	168
Balai	266, 268	Coiffure de travers	17
Barbe (*Coupe de la*)	265	Corde d'instrument (*Rupture de*)	19
Belette	125		
Blanc d'œuf (Voir les présages tirés du)	40	Cordon de soulier	20
		Comédien	18
Bohémien	12	Coucou (*Chant du*)	138
Brouette (*Bruits de*)	169	Couteau (*Don d'un*)	21

INDEX ALPHABÉTIQUE

	Pages
Couture à bord	164
Crachat	21
Croix	21, 267
Dispute (*Présages de*)	22
Echelle (*Passage sous une*)	23
Enfants (*Enjambement des*)	107
Enfants (*Naissance des*)	104 et suiv.
Enterrement	23
Flamme du foyer	26
Foudre	180
Grillon (*Chant du*)	139
Herbe qui égare	150
Hirondelles (*Mise à mort des*)	139
Horloge de la paroisse	167
Jours néfastes	161 et suiv.
Lampe (*Extinction de la*)	15
Lièvre	140, 266
Litière du bétail	121
Loup (*Rencontre d'un*)	141
Marc de café (Voir les *présages tirés du*)	296

	Pages
Mer phosphorescente	265
Nain (*Regards d'un*)	31
Œil gauche d'un mort	168
Œil (*Mauvais œil*)	31
Œufs à bord	266
Œuf sans coquille	42
Ongles (*Coupe, jet, etc.*)	79, 265
Pain renversé	32
Perdrix (*Aile de*)	143
Pie	167
Pierre (*Jet de*)	266
Poignée de main	33
Porte s'ouvrant seule	170
Poule qui chante le coq	132
Regard	31, 109
Rencontre	34, 255
Salut nocturne	34
Sel (*Renversement du*)	153
Sifflement	264
Sommeil des époux	170
Souhait	256, 267
Table (*Passage sous la*)	107
Treize	36
Vendredi	61 et suiv.
Vent (*Entretiens relatifs au*)	266

Ce qu'il faut faire.

Abeilles (*Ce qu'il convient de faire aux ruches des*)	117 et suiv.

Aimant (*pour savoir si une femme est fidèle*)	155
Animal (*Sacrifice d'un*)	275

INDEX ALPHABÉTIQUE

	Pages
Anguille (*Peau d'*).	119
Baguette magique (*Emploi de la*)	292
Bâillement	11
Balai (*Exposition du*)	11
Basilic (*Défense contre le*)	123
Bestiaux (*Achat de*)	119, 120
Blessures (*Traitement des*)	123
Chassie (*Préservation de la*)	284
Cloches (*Sonnerie des*)	17
Coqueluche (*Guérison de la*)	281
Couvées (*Réussite des*)	122
Crapaud (*Mise à mort d'un*)	138
Douleurs (*Traitement des*)	286
Ecrouelles (*Guérison des*)	287
Enfants à naître (*Sexe des*)	111
— (*Embrassement des*)	107
— (*Moyen de leur conserver le teint frais*)	111
— (*Moyen de leur inculquer la sagesse*)	113
— (*Moyens pour en avoir de beaux*)	103
— (*Premières chaussures des*)	110
Engelures (*Guérison des*)	284
Epilepsie (*Guérison de l'*)	283
Etables (*Préservation des*)	120
Femme enceinte (*Ce qu'elle doit faire*)	27, 105, 106
Fièvre (*Guérison de la*)	279
Gâteaux de St-Corentin	27
Gibier (*Moyens de l'attirer*)	258
Grenouilles (*Coassement des*)	139
Hoquet (*Guérison du*)	281
Incontinence d'urine	112
Jaunisse (*Guérison de la*)	284
Lait des nourrices (*Moyen de le faire passer*)	287
Lion (*Peau de*)	141
Nénufar (*Décoction de*)	151
Noyés (*Recherches des*)	179
Pensées (*Moyen de les connaître*)	33
Pertes de sang (*Guérison des*)	283
Peur (*Préservation de la*)	33
Pigeons (*Moyens de les attirer*)	143
Pivert (*Remède tiré du*)	144
Plumes d'aigle	257
Poule couveuse	263
Rachitisme (*Guérison du*)	280
Rhumatismes (*Guérison des*)	138
Vent (*Moyens de le faire tourner*)	263, 264, 265
Verrues (*Traitement des*)	287

Ce qu'il faut éviter.

	Pages
Abeilles (*Médisance envers les*)	118
Arc-en-ciel	9
Chaises (*Ne pas les faire tourner*)	14
Charrue (*Enjambement de*)	15
Chevaux (*Crin des*)	16
Choux (*Consommation de*)	16
Dent (*Perte d'une*)	110
Enfants (*Enjambement des*)	107

	Pages
Envies	24
Êtres difformes (*Regard des*)	109
Lessive	28, 29, 30
Loup (*Il ne faut pas parler du*)	141
Noix (*Consommation de*)	152
Parrain, Marraine (*Choix des*)	111
Roitelets (*Dénichement des*)	145
Souhait	156

Ce qu'indiquent les différentes parties du corps humain.

Barbe	52
Bouche	62
Cheveux	51
Cou	68
Cuisses	70
Dents	65
Epaules	69
Femmes barbues	52
Front	53, 71

Joues	61, 71
Lèvres	63
Mains	70
Menton	66
Nez	58
Oreilles	61
Poitrine	69
Profil	50

	Pages		Pages
Ressemblance avec les animaux.	76	Ventre	70
		Verrues	72
		Visage	49
Sourcils 52,	55		
Tête	48	Yeux 56,	41

Tout ce qui concerne les rêves, ayant été classé par ordre alphabétique, ne figure pas dans le présent index. Il n'y a qu'à se reporter à la page 202 où l'on trouvera l'explication des choses apparues en songe.

TABLE DES MATIÈRES

	Pages
Avant-propos	1
Superstitions diverses	3
Les œufs	39
Superstitions relatives à la physionomie	47
Les ongles	79
Superstitions relatives au mariage	87
Superstitions relatives aux enfants	103
Les animaux	117
Les végétaux	129
Les minéraux	155
Les jours néfastes	161
Présages funèbres	167
Pronostics météorologiques et agricoles	173
Le pressentiment	185
Les rêves	195
Croyances et pratiques des chasseurs	255
Superstitions des gens de mer	263
Rites superstitieux relatifs à la construction des maisons	273
Médecine populaire	279
Ce qui a survécu de la magie et de la sorcellerie	291

BIBLIOTHÈQUE des CONNAISSANCES PRATIQUES

Collection in-18 jésus à 3 fr. 50

SAPIENS (Dʳ)
L'Hygiène dans la Famille. . . . . 1 vol.

COUSINE JEANNE
Manuel de Travaux de Dames, nombreuses illustrations.
Reliure toile anglaise. . . . . 1 vol.
Conseils pratiques. Toilette des femmes et des enfants, Ameublement, Ménage, etc., etc. Reliure toile anglaise. 1 vol.

BIBLIOTHÈQUE SCIENTIFIQUE UNIVERSELLE

Collection in-18 jésus à 3 fr. 50

ARUSS (ARSÈNE)
La Graphologie simplifiée théorique et pratique. . 1 vol.

MANTEGAZZA (P.)
L'Amour dans l'Humanité. . . . . 1 vol.
Physiologie de l'Amour. . . . . 1 vol.
Hygiène de l'Amour. . . . . 1 vol.
Physiologie de la Douleur . . . . 1 vol.

MARRIN (Dʳ P.)
L'Hypnotisme théorique et pratique, avec les Procédés d'Hypnotisation . . . . 1 vol.
Le Mariage théorique et pratique. — Son hygiène. — Ses avantages. — Ses devoirs. — Ses misères . . . 1 vol.
La Beauté chez l'Homme et chez la Femme. — Les moyens de l'acquérir, de la conserver et de l'augmenter. 1 vol.
Les Maladies de l'Amour. — Préservation. — Hygiène. — Traitement . . . . 1 vol.

www.ingramcontent.com/pod-product-compliance
Lightning Source LLC
Chambersburg PA
CBHW060323170426
43202CB00014B/2644